Ursula Koch

# Ein Engel für alle Fälle

Neues vom Alltagsengel

BRUNNEN
Verlag GmbH · Giessen

MIX
Papier aus verantwor-
tungsvollen Quellen
FSC® C006701

© 2015 Brunnen Verlag Gießen
www.brunnen-verlag.de
Lektorat: Eva-Maria Busch
Umschlaggestaltung: Olaf Johannson
Herstellung: DTP Brunnen
Druck: CPI – Ebner & Spiegel, Ulm
ISBN 978-3-7655-0914-8

# Inhalt

# Geburtstag

Ich sehe noch nichts, es ist dunkel draußen, ich
höre nur den Regen aufs Fensterbrett tropfen.
Natürlich muss es heute regnen. Es ist April, das
Thermometer zeigt vier Grad Celsius – ich kenne
das.

»Allfried!«

Er war immer da, also muss er heute auch da
sein, gerade heute. Sehen kann ich ihn nicht, hören auch nicht. Er ist zwar ein Engel, aber er trägt
keinen leuchtenden Heiligenschein und rauscht
nicht mit mächtigen Flügeln. Er ist ein Alltagsengel, so selbstverständlich wie das Zimmer, in
dem ich aufwache, und der Baum vor dem Fenster – einfach da.

»Allfried, ich habe Geburtstag!«

»Schön!«

Ob ein Engel sich vorstellen kann, was das bedeutet, Geburtstag zu haben – und dann noch in
meinem Alter?

»Allfried, ich werde nicht dreißig, vierzig,

fünfzig oder fünfundfünfzig Jahre alt. Ich werde auch nicht sechzig Jahre alt. Ich werde – achtund-sechzig!«

»Na und?«

»Ich merke schon, du verstehst gar nichts, du bist ein Engel und wirst nicht älter. Aber wir … Also, als ich vierundfünfzig war, hat mir zum ers-ten Mal ein Kellner den »Seniorenteller« ange-boten. Dann stand auf einmal im Bus ein junges Mädchen auf und bot ihren Platz an. Ich drehte mich um, aber da war keine alte Frau – außer mir. Inzwischen habe ich eine Senioren-Bahncard und ein Senioren-Abo bei den Verkehrsbetrieben. An Wochentagen bekomme ich manchmal verbillig-ten Eintritt bei Veranstaltungen.«

»Na, freu dich doch.«

»Jonas, mein kleinster Enkel, sagte neulich: ›Schön, dass du noch nicht gestorben bist, du bist doch schon alt.‹«

»Kluges Kind.«

»Ich habe ihm auch recht gegeben! Nur weiß ich gar nicht, was das eigentlich bedeutet: ›alt sein‹.«

Jetzt wird Allfried lauter und ich höre den Nachdruck in seiner Stimme. »Tu mal nicht so, als fühltest du dich wie zwanzig! Du machst oft genug schlapp und schnaufst wie eine Lokomotive, wenn du mal drei Stockwerke hoch musst.«

»Stimmt. Aber beim Fußballspielen mit Markus schieße ich noch die meisten Tore – und der ist schon sechs ...«

»Das wird sich bald ändern.«

»Ich weiß, ich weiß, und ich habe auch gar nichts dagegen, wenn mein Enkel besser Fußball spielt als ich. Ich will auch gar nicht mehr jung sein, ich finde es viel zu anstrengend, mich alle halbe Jahre an ein neues mobiles Teil, mit dem man telefonieren kann, zu gewöhnen. Aber ich habe immer das Gefühl, es müsste jetzt alles anders sein als früher, und ich weiß, ehrlich gesagt, nicht was.«

»Na vielleicht bekommst du es heute heraus.«

Als wir beim Frühstück sitzen, sage ich zu meinem Mann: »Früher hat meine Mutter um diese Zeit immer angerufen und uns aus dem Bett geholt mit dem schönen Satz: ›Ich wollte die Erste sein.‹ Weißt du noch?«

In dem Augenblick klingelt das Telefon und es ist gerade erst neun Uhr.

»Hier ist deine Tochter ...«

Aber im Ganzen wird es ein sehr ruhiger

Geburtstag, denn ich habe mal wieder keinen Kuchen gebacken und niemanden eingeladen. Die Jüngeren müssen sowieso arbeiten oder zur Schule gehen, die gleichaltrigen Freunde schreiben liebe Briefe oder rufen an und abends besuchen wir ein Konzert. Da weiß niemand, dass ich Geburtstag habe, trotzdem finde ich, dass sie besonders schön spielen. Vielleicht hätte ich mal in meine E-Mail-Box sehen sollen, aber das kann ich morgen nachholen. Abends jedenfalls bin ich nicht schlauer als am Morgen und denke, als es dunkel wird, wieder an den bedeutungsvollen Ausspruch des Engels: »Vielleicht bekommst du es heute heraus.«

»Allfried, nun bin ich ein Jahr älter. Es war wunderbar ruhig, die Musik war so schön und ich war nicht allein. Ich freue mich.«

»Na dann geh schlafen und freu dich weiter. Vielleicht fällt dir auch noch ein, wie oft du unzufrieden warst an deinen früheren Geburtstagen. Als Kind kamen die Großeltern und brachten selbst gestrickte Socken. Und du musstest so tun, als würdest du dich freuen. Dann gab es jedes Jahr Apfelkuchen zum Kaffee und roten Tee zum Abendbrot.«

»Ich weiß, ich weiß! Aber gefreut habe ich mich, wenn es wenigstens so warm war, dass ich zum ersten Mal Kniestrümpfe anziehen konnte!«

»Heute kannst du anziehen, was du willst. Niemand macht dir mehr Vorschriften. Weißt du noch, wie du dich oft abgehetzt hast, um große Feiern zu organisieren?«

»Manchmal war es sehr schön, aber manchmal war ich auch richtig froh, wenn der Tag vorüber war.«

»Du hast heute gemacht, was du wolltest, hattest sogar Zeit für einen Mittagsschlaf. Früher fühltest du dich verpflichtet, es allen anderen schön zu machen. Und dann war doch oft jemand schlecht gelaunt, deine Mutter und die Schwiegermutter haben sich gestritten, eins von den Kindern hatte Liebeskummer und der Hund Durchfall.«

»Woher weißt du das, Allfried?«

Er lacht.

»Ich kenne dich schon eine Weile.«

»Wie gut!«

# Das Gästebuch

Wenn man umzieht, brauchte man eigentlich nicht nur einen Engel, sondern mindestens zehn oder zwanzig – ich will ja nicht von Heerscharen reden, weil ich auch gar nicht weiß, wie groß so eine Heerschar ist.

Aber wie das so ist: Ich sehe mich um. Da sind Kartons. Türme. Gebirge. Und in den Kartons ist unser schönes, gemütliches Leben, sind die Bücher, die uns seit Jahrzehnten begleiten, das alte Geschirr, das wir schon zur Verlobung bekamen, Theaterprogramme und CDs, lauter unwichtiges Zeug und irgendwo die Bankauszüge. Und wo ist Allfried?

»Allfried, machst du dich mal wieder davon, wenn ich dich am nötigsten brauche?«

Ich sinke erschöpft auf einen Stuhl, der nur deshalb noch in der Ecke steht, weil ein Bein wackelt und wir ihn nicht mitnehmen wollen.

Einen halben Bücherschrank habe ich schon leer gemacht und immer noch stehen da die vielen Bildbände. Es nimmt kein Ende. Seit Tagen packen wir. Freunde sagen: »Schmeißt doch alles weg, was ihr nicht mehr braucht.« Aber was brauchen wir denn? Woher sollen wir wissen, was wir brauchen werden? Und es sind doch in allem Spuren unseres Lebens.

Mir tun die Hände weh, ich habe Hunger und kann nicht mehr.

»Allfried!«

Nichts rührt sich. Mal wieder alleingelassen, denke ich und sehe plötzlich auf dem leer geräumten Brett etwas liegen. Das Gästebuch! Als wir damals einzogen, habe ich vorn hineingeschrieben: »Unter dem Schatten deiner Flügel lass uns sicher wohnen.«

Das ist so lange her, aber ich weiß es noch. Und haben wir nicht sicher gewohnt? Trotz allem, was uns erschüttert und bewegt hat? Ich fange an zu blättern. Die ersten Eintragungen, als die Mutter kam und sich mit uns freute. Dann schon die Gäste zur Konfirmation unserer Tochter, Freunde von nah und fern, Sprüche, witzige Bemerkungen, viel Liebes, Dankbares, Freundliches. Und das alles hat sich hier abgespielt, hier in diesen vier Wänden.

Ich lese mich fest. Ach ja, damals, gleich nach der Wende: die Gäste aus dem Kirchenchor von Halberstadt! Ein polnischer Posaunist! Wieder einmal die Freunde aus Westafrika. Verwandte, die man seit Kindesbeinen kennt. Und dann ganz unbekannte junge Menschen, die irgend etwas mit einem unserer Kinder zu tun hatten. Es lohnte sich nicht immer, die Namen zu behalten, aber hier stehen sie. »War so schön bei Ihnen.« »Danke für die Gastfreundschaft.«

Fast dreißig Jahre haben wir das Haus bewohnt. In der letzten Zeit wurde es ruhiger. Viele kamen nicht mehr. Das war der letzte Besuch meiner Mutter – und hier, die Tante, ist voriges Jahr gestorben. Aber da tauchen neue Namen auf: das erste Weihnachten mit den Kindern, Schwiegerkindern und der kleinen Enkelin. Gäste sind sie, auf der Durchreise. Wir Alten bleiben zurück, noch eine Weile. Aber jetzt …

Ich fahre erschrocken hoch. Es wird schon dunkel – und da sind die vielen noch nicht eingepackten Bildbände, bestimmt drei Kartons.

Die letzte Kiste ist nicht ganz voll. Ich stecke das schmale Gästebuch sorgfältig an die Seite. Ich muss mir merken, wo es ist, damit ich es in der neuen Wohnung wieder herausnehmen und ansehen kann. Es mag ja Zeitverschwendung gewesen sein, dass ich so lange darin geblättert habe, aber es macht mich dankbar.

»Hast du das Buch da hingelegt, Allfried?«

Natürlich antwortet er wieder nicht.

# Sport treiben

Als meine ehemalige Klassenkameradin mich wiedersah, musterte sie mich von Kopf bis Fuß und sagte: »Du machst bestimmt viel Sport.«

»Eigentlich gar nicht so ...«, stotterte ich. Die anderen unterhielten sich dann über die Gymnastikkurse an der Volkshochschule und ich wartete ungeduldig darauf, dass sie das Thema wechselten.

Schwieriger ist es beim Arzt. Er misst den Blutdruck und überprüft die Laborbefunde.

»Alles so weit in Ordnung. Was treiben Sie denn für Sport?«

Es ist schwierig, beim Arzt das Thema zu wechseln.

»Schwimmen«, fällt mir rechtzeitig ein.

»Wie oft in der Woche?« Ich werde rot. Einen Hausarzt sollte man nicht belügen. »Ähm, wir waren vor etwa sechs Wochen, also wir wollen natürlich regelmäßig gehen, aber ...« Ich bleibe mitten im Satz stecken, das passiert mir selten. Dabei sage ich die Wahrheit.

Es gibt da eine Szene am Frühstückstisch, die sich regelmäßig wiederholt:

»Wir sollten mal wieder schwimmen gehen.«

»Ja, wann denn?«

»Also Montag geht nicht, dann ist am Dienstag Chorprobe, vorher möchte ich eigentlich nicht schwimmen, da bin ich immer so müde.«

»Am Mittwoch soll ich die Enkel betreuen, am Donnerstag wird geputzt und am Wochenende ist es immer so voll.«

»Also nächste Woche …«

Mein Arzt druckt den Befund aus: Alles klar so weit. Und wenn ich noch Sport treibe, dann tendiert mein Schlaganfall- und Herzinfarktrisiko bei Berücksichtigung meines Alters und der vorliegenden Daten gegen drei Prozent …

Ich habe den Eindruck, dass der Arzt ein klein wenig grinst, als er mir das Papier in die Hand drückt. Und dann bin ich ganz schnell draußen.

»Allfried, ich soll Sport treiben.«

»Was ist das: Sport?«

Daran habe ich nicht gedacht, dass Engel gar nicht wissen können, was Sport ist.

»Also Sport ist Bewegung, für die es keinen vernünftigen Grund gibt, zum Beispiel Laufen, obwohl man nirgendwo hinwill. Es geht nur darum, sich zu bewegen.«

»Und warum sollst du dann Sport treiben?«

»Ja, siehst du, Allfried, das verstehst du nicht! Alle müssen Sport treiben, damit die Muskeln trainiert werden und die Gelenke beweglich bleiben, das Herz wird gestärkt, das Gehirn durchblutet. Außerdem macht Sport Spaß, sagen alle. Fast alle. Manche sehen auch nur zu, wie andere Sport treiben. Aber ich, Allfried, ich habe keine Lust dazu.«

»Als Engel sind wir verpflichtet, darauf zu achten, dass ihr vernünftig mit eurem Körper umgeht. Und wenn Sport die Muskeln stärkt und was sonst noch alles, dann solltest du es tun. Bisher hast du es ja geschafft, einigermaßen gesund zu bleiben, auch weil ich immer die Stühle festgehalten habe, auf denen du herumzuklettern pflegst, und die Autos anhalte, wenn du wie blind über die Straße läufst.«

»Danke, Allfried, ich weiß, manchmal bin ich unvorsichtig, aber beim Sport kann man sich auch verletzen! Da musst du noch mehr auf mich aufpassen. Ich kenne genug Leute, die mit gebrochenen Knochen ins Krankenhaus mussten trotz starker Muskeln und gut durchblutetem Gehirn. Und ich weiß auch nicht, was für eine Art Sport ich treiben soll. Für Frauenfußball bin ich vermutlich zu alt, beim Tennisspielen sehe ich den Ball nicht mehr richtig, ins Fitnessstudio mag ich nicht gehen, da wird so viel geschwitzt. Schwimmen wäre schon gut, aber Wasser ist kalt und nass, man muss sich immerzu aus- und anziehen, zum Thermalbad muss man so weit fahren, und wenn ich hier auf der Straße schnaufend entlangrenne, dann wird meine Lunge durch Abgase geschädigt. Was soll ich nur machen?«

»Was hast du denn bisher gemacht?«

»Na, ich bin immer die Treppen rauf und runter gelaufen, im Sommer gehe ich im Wald Pilze suchen, manchmal renne ich hinter dem Bus her, der mal wieder zu früh gekommen ist.«

»Und dabei bist du gesund geblieben.«

»Ja, bisher. Aber alle sagen, wenn ich nicht Sport treibe, werde ich früher sterben. Verstehst du: Wir alle treiben Sport, damit wir länger gesund leben.«

»Also aus Angst vor dem Tod.«

»Nicht nur: auch aus Angst vor Schmerzen, vor dem Verfall der körperlichen Kraft, aus Angst vor der Hilflosigkeit im Alter.«

Das ist ein Thema, bei dem Allfried immer sehr still ist. Er kennt keinen Tod, er kennt kein Alter, er weiß auch nicht, wie sich Schmerzen anfühlen.

Also kann ich von ihm auch keinen Rat erwarten, der mir weiterhilft. Es sei denn, er wüsste ein Mittel gegen die Angst.

Inzwischen wird es draußen schon dunkel. Ich mache es mir im Sessel bequem, lege die Beine hoch, faul, unsportlich. Draußen in den Bäumen vor meinem Fenster spielt der Wind mit den letzten Blättern dieses Sommers.

»Ich finde es gut, wenn du dich viel bewegst«, sagt Allfried auf einmal. »Das stärkt deine Muskeln, hält deine Gelenke elastisch und fördert die Durchblutung deines Gehirns. Nur – das kann nicht alles sein. Die Menschen in anderen Ländern der Welt bewegen sich auch viel: Sie arbeiten auf den Feldern, sie schleppen Wasser, sie sammeln Holz. Wahrscheinlich bewegen sie sich *zu* viel oder werden zu falschen Bewegungen gezwungen und sterben deshalb früher als ihr hier in eurem reichen Land. Darum: Verlass dich nicht auf den Sport. Du wirst älter und schwächer, du wirst sterben, ganz egal welche Sportart du betreibst. Und was dich hilflos macht, ist die Angst.«

Es geschieht nicht oft, dass Allfried etwas so Grundsätzliches sagt. Eine Weile muss ich darüber nachdenken. In der Zeit ist es ganz dunkel geworden. Ich müsste Licht machen, aber ich warte noch. Mir kommt es vor, als könnte mich Allfried im Dunkeln besser hören, wenn ich ihm meine Gedanken anvertraue.

»Ja, du hast recht, letztlich steht hinter unseren vielen Versuchen, unsere Körper jung und stark zu erhalten, die Angst vor dem Verfall, die Angst vor dem Tod! Die Blätter draußen, die lassen sich einfach treiben. Als unser Hund starb, hat er sich hingelegt, uns angesehen und ein klein wenig noch mit dem Schwanz gewedelt. Er war einverstanden.

Aber jetzt bewege ich mich, gehe in die Küche und mache mir einen gesunden Tee. Morgen laufe ich zum Bäcker und drehe eine Runde um den Kanal, ganz ruhig, ganz in meinem Rhythmus und nicht unter dem Druck der Angst. Ich will lernen, einverstanden zu sein. Lass mich deine Nähe dabei spüren, Allfried, das hilft!«

## Schlechtes Wetter

Seit Tagen regnet es gleichmäßig. Der Wind fegt die Nässe bis an die Balkontür. Es bleibt dunkel, von der Sonne keine Spur. Mit einiger Mühe lassen sich hellgraue, mittelgraue, mausgraue und dunkelgraue Stellen am Himmel unterscheiden.

Ich muss ein Geburtstagsgeschenk kaufen. Geburtstage richten sich nicht nach dem Wetter. Völlig durchnässt komme ich nach Hause.

»Allfried, wer macht das Wetter?«

»Ihr modernen Menschen wisst doch alles, da werdet ihr doch auch wissen, dass Wetter eine natürliche Gegebenheit ist, die nach den Gesetzen abläuft, die Gott geschaffen hat. Ihr habt schon angefangen, Veränderungen vorzunehmen. Aber auch die verlaufen so, wie die Naturgesetze es bedingen. Hättest du vielleicht einen Schirm nehmen sollen?«

Zugegeben: Ich tropfe. Mein Mantel ist klatschnass, in die Schuhe läuft das Wasser. Aber das mit dem Schirm hätte Allfried lieber nicht sagen sollen.

»Schirme, Allfried, sind so was von unzuverlässig! Schirme, die ich nehme, warten nur darauf, sich davonzumachen. Meine schönsten Schirme, die bunten, leuchtenden, sind in irgendeinem Eisenbahnabteil, in der Schulgarderobe, im Einkaufscenter oder in der Straßenbahn geblieben. Einem, der es ein halbes Jahr bei mir ausgehalten hat, zerfetzte der letzte Sturm das Gestell. Selbst die dunkelbraunen, halbschwarzen Schirme, bei deren Anblick man schon depressiv wird, suchen sich andere Besitzer. Mein Verhältnis zu Schirmen ist gestört, heftig gestört!«

Inzwischen tropft der Mantel auf seinem Bügel weiter, ich habe Hausschuhe an, die Haare kurz übergeföhnt und die Handtasche abgetrocknet.

»Als ihr damals im Sahel gelebt habt, am Rande der Wüste, da hast du gesagt: Ich will nie mehr über Regen schimpfen.«

»Du hast ein schrecklich gutes Gedächtnis, Allfried. Ich gebe zu: Wir waren sicher, dass es nichts Schöneres gibt als gleichmäßig rauschenden Regen. Die Kinder haben halb nackt auf der Terrasse getanzt. Ich ließ das Wasser über mein Gesicht laufen und leckte die Tropfen ab. Aber jetzt, Allfried, ist es nicht nur nass, sondern auch noch kalt.«

»Du lebst in Europa mit all seinen Vorteilen.«

»Aber die Sonne, Allfried, die Sonne! Der Mensch braucht Sonne und Wasser. Wir brauchen immer beides, das ist das Schlimme. Deshalb flüchten so viele Rentner auf die Kanaren oder an die türkische Küste.«

Ich habe ausgepackt und Teewasser aufgesetzt.

Der Wasserkocher summt und ich frage mich, ob Allfried sich jetzt zufriedengibt.

»Möchtest du auf den Kanaren oder an der türkischen Küste leben?«

»Unsinn, Allfried, du weißt ganz genau, dass ich hier leben will und nirgendwo sonst.«

»Also was soll das Gejammer?«

Gejammer, sagt er! Ich bin empört. Weiß ein Engel vielleicht, wie es sich anfühlt, frierend und nass durch den Regen zu laufen? Und seit Tagen keine Sonne zu sehen? Die Leute laufen alle mit gesenktem Kopf und eingezogenen Schultern herum. Auch die buntesten Regenschirme hellen die Gesichter nicht auf. Und dann faucht noch der Wind dazwischen. Das einzig Schöne ist: nach Hause kommen!

»Weißt du, Allfried, es ist wirklich widerlich, bei diesem Wetter unterwegs zu sein, ob mit oder ohne Schirm. Aber ich sehe ein, dass alles noch viel schlimmer sein könnte, wenn ich nicht ein trockenes, warmes, gemütliches Heim hätte. Nur – was machen die Menschen, die das nicht haben? Hätte Gott die Naturgesetze nicht ein wenig anders einrichten können, dass es nicht immer an einer Stelle zu viel und andrer Stelle zu wenig gibt? Hier und jetzt zu viel Regen und im Sahel zu viel Sonne und Wärme? Es geht doch auch anders, wie man an den glücklichen Ländern rings ums Mittelmeer sieht.«

Der Tee ist heiß und schmeckt. Ich würde Allfried gern auch eine Tasse anbieten, aber Engel trinken nun einmal nichts.

»Wenn du weiter keine Probleme mit Gottes Schöpfung hast«, fängt er wieder an, »dann sei dankbar. Das große *Warum* werde ich dir nicht beantworten können. Wir Engel leben im Vertrauen, ihr Menschen lebt im Fragen. Das hat Gott so gewollt. Aber ich meine, dass er euch auch Verstand gegeben hat, und wer bei Regen das Haus verlässt, sollte vielleicht ganz einfach Vorsorge treffen. Wenn du keinen Schirm nehmen willst, dann schaff dir einen Regenmantel an. Gib zu: Du bist nur zu eitel, um so etwas anzuziehen.«

## Die Panne

Allfried! Hilfe! Hilfe! Wo bist du? Allfried!«
Ich schaffe es gerade noch, das Auto auf den befestigten Streifen zwischen zwei Leitpfosten zu lenken. Der Motor sagt nichts mehr. Nichts, abso-

lut nichts. Mein Wagen steht. Auf irgendeinem Zubringer zwischen zwei Autobahnen. Ich weiß noch nicht einmal genau, wo ich bin. Und ich kann den Zündschlüssel drehen, so viel ich will: Nichts!

»Allfried, mein Schutzengel! Hilf mir doch!«

Da flitzen die anderen an mir vorbei, gucken ein wenig verwundert und sind weg.

»Warnblinker einschalten!«

Es macht klick, klick, klick, es blinkt und ich sitze zusammengesunken vor dem Lenkrad. »Und nun, Allfried?«

»Du hast da so eine Karte, vielleicht solltest du mal die Telefonnummer des Pannendienstes anrufen. Schließlich bist du Mitglied!«

Offensichtlich ist in meinem Gehirn auch etwas ausgegangen, dass ich nicht sofort daran denke. Gut! Aber – ich muss dann sagen, wo ich bin. Und wo bin ich denn? In einer Kurve, vor mir eine Brücke.

»Allfried, wo bin ich?«

»Bist du nicht eben an Mainz vorbeigefahren, wo ihr einmal gewohnt habt?«

Das stimmt, ich erinnere mich sogar, dass ich dachte: Es war so eine schöne Zeit, ich müsste mal wieder in die Stadt fahren, in den Dom gehen, den ich so sehr geliebt habe.

»Und du weißt auch, wohin du willst.«

»Ja, nach Kaiserslautern!«

Ich wähle die Nummer – wenn ich jetzt kein Handy hätte!

Die freundliche Dame will natürlich erst einmal Zahlenfolgen wissen, ehe sie mich identifizieren kann, dann sagt sie freundlich, es werde jemand kommen.

Langsam werde ich ruhig. Aber da fällt mir ein: »Allfried, es ist Sonntag! Als wir mal am Sonntag in Holland eine Reifenpanne am Fahrrad hatten, wollte uns niemand helfen – weil Sonntag war. Das waren gute Christen …«

»Jesus hat etwas anders reagiert, wenn ich mich recht erinnere«, sagt Allfried.

Mein Handy klingelt. Eine Männerstimme, sachlich kurz. Was passiert sei, will er wissen. Einfach ausgegangen, in der Kurve, sage ich. Und wo ich denn sei. Ich beschreibe meine Fahrtroute, bzw. die geplante Route. Er grummelt ein bisschen. Das mit der Brücke vor mir scheint ihm weiterzuhelfen.

»Ich bin in etwa zwanzig Minuten da.«

»Allfried, es kommt jemand.«

»Na, das habe ich doch gesagt.«

Zwanzig Minuten Pause. Und er ist wirklich da! Ich sitze vorn neben dem Fahrer im Abschleppwagen – mit Allfried, aber das merkt der gar nicht. Mein Auto steht hintendrauf. Mit einem Blick und einem Kopfnicken war die Diagnose gestellt: Zahnriemen. Aber ich war doch gerade zum TÜV! Das habe damit nichts zu tun, die Werkstatt müsste ihn bei der Inspektion austauschen. Hat sie aber nicht. Jetzt ist es auch egal. Jetzt fahren wir – nach Mainz.

Das Auto kommt auf den Parkplatz der Werkstatt, ich komme in ein kleines Hotel, wo man mich sehr freundlich aufnimmt. Reparatur und Weiterfahrt sind für Montag geplant. Vor dem Hotel ist eine Bushaltestelle.

»Allfried, wir können zum Dom fahren!«

Es ist ein heißer Tag. Auf dem Markt gegenüber dem »Domgebirge« sitzen die Menschen im Eiscafé. Wann war ich zuletzt Eis essen? Auf einmal habe ich ganz große Lust dazu. Aber erst will ich in den Dom.

Das kühle Dunkel umfängt mich wie ein schützendes Kleid. Ich wandere durch den Kirchenraum und grüße die vielen Erzbischöfe auf ihren Grabdenkmälern. Ich kenne sie alle, den, der stolz und als Sieger auf seinem Podest steht, den, der sich in Demut vor dem Altar neigt. Sie haben sich gar nicht verändert. Nur ich bin nicht mehr die kleine Studentin, die junge Lehrerin, die Mutter mit dem Baby auf dem Arm, die einst hierherkam.

Zielsicher verlasse ich das gewaltige Mittelschiff und finde die Gero-Kapelle offen. Hier habe ich oft gebetet. Ich setze mich ein wenig an die Seite und betrachte das Kreuz. Auf einmal fällt mir alles wieder ein, was mich damals so bewegt hat, was ich hier ausbreiten musste: das Universitätsexamen, die Wohnungsfrage, die Schwangerschaft ... Der romanische Christus, der mich nicht ansieht und doch sieht, was mir verborgen ist, hat mich immer gehört.

»Allfried, danke, dass du mich hierher gebracht hast.«

»Wieso gebracht? Du bist ganz allein hierhergekommen.«

»Ja, aber wenn du mein Auto nicht angehalten hättest ... Ich habe es immer so eilig. So oft bin ich auf der Autobahn an Mainz vorbeigefahren. Ich hätte doch schon längst einmal eine Pause machen können, um in den Dom zu gehen.«

»Naja, vorhin hast du dich aber ganz anders angehört.«

»Ich weiß, Allfried. Ich hatte solche Angst. Und das mit dem Zahnriemen ist auch ein starkes Stück, in der Werkstatt haben sie gesagt, er muss noch nicht wieder erneuert werden. Aber nun bin ich dankbar. Morgen wird mein Auto repariert und dann komme ich immer noch früh genug an. Und hier bin ich an einem Ort, der mir guttut. Wie damals.«

## Auf der Suche nach einem Lächeln

Ich sitze im Wartezimmer, fast alle Plätze sind besetzt und es wird wohl noch eine Weile dauern, bis ich dran bin. Also nutze ich die Gelegenheit, mal wieder in eine Illustrierte zu schauen.

Was trägt man denn in diesem Herbst? Kann ich wohl meine Pullover noch anziehen oder sind die schon hoffnungslos altmodisch? Eigentlich gefallen mir die schwingenden Röcke gut. Vor ein paar Jahren hätte man nicht gewagt, so etwas zu tragen.

Aber etwas irritiert mich.

»Allfried, was hat man mit diesen hübschen Mädchen gemacht, dass sie so traurig aussehen?«

27

(Natürlich kann ich hier nur ganz leise mit All-fried sprechen, sodass die anderen es nicht merken, sie würden mich sonst wohl noch in eine andere Praxis schicken. Aber mit irgendjemandem muss ich darüber reden!)

»Kannst du ihnen nicht helfen? Die da trägt eine fröhlich bunte Jacke – und macht ein Gesicht, als wollte man sie zur Hinrichtung führen. Hunger müssen sie auch haben. Sieh dir doch mal die mageren Arme an. Und die Schwarzhaarige da – vor der hab ich richtig Angst.«

Als ich ein kleines Mädchen war, wollten alle kleinen Mädchen Mannequin werden, obwohl keine das französische Wort richtig aussprechen konnte. Als Mannequin führte man wunderschöne Kleider vor und die Leute klatschten begeistert. Dabei musste man immer lächeln. Das hat meine Freundin vor dem Spiegel geübt.

Wir sind dann doch nicht Mannequin geworden. Gut so, denn inzwischen könnten wir allenfalls noch Seniorenmode vorführen. Aber es gibt auch gar keine Mannequins mehr, es gibt nur noch Models. Das ist viel leichter auszusprechen. Es zu werden, ist jedoch noch schwerer geworden. Und noch etwas hat sich offensichtlich geändert: Models müssen immer todtraurig und bitterböse aussehen.

Von der Illustrierten habe ich genug. Allfried antwortet nicht. Ich sehe mich im Wartezimmer um. Da sitzen keine Models. Die meisten sind dafür zu dick, wie ich auch. Ihre Gesichter sind verschlossen, die Mundwinkel nach unten gezogen. Sie haben ja auch nichts zu lachen, wenn sie hier im Wartezimmer sitzen. Also spiegeln die Models nur die Wirklichkeit wider? Aber so gefährlich wie die kleine Schwarzhaarige sieht niemand von den Patienten aus.

Als ich endlich wieder ins Freie komme, nehme ich mir vor, nach einem Lächeln zu suchen.

»Allfried, hilf mir! Ich brauche jetzt ein lächelndes Gesicht!«

Aber Allfried schweigt immer noch. Er kann mir auch nichts zeigen, weil die Passanten wegen des kalten Windes allesamt ihre Kragen hochgeschlagen und die Augen auf den Boden gerichtet haben. Ich finde kein Lächeln. Ein junger Mann schaukelt im Rhythmus der Musik, die er glücklicherweise nur allein hört, die Straße entlang. Aber lächeln tut er auch nicht. Und die alte Frau drüben hat so große Mühe, ihren Rollator voranzubringen, dass sie mir leidtut und ich schon helfen will. Aber da biegt sie ab und bleibt an der Ampel stehen.

»Allfried, lächelt denn niemand?«

Doch! Von der anderen Straßenseite kommt eine junge Mutter. Sie hat ihr Baby im Tragetuch und trotz des Windes lächelt sie glücklich und hält den Kopf des Kindes mit beiden Händen. Ich freue mich – endlich! Und da fällt mir auch sofort Anna ein, unser jüngstes Enkelkind. Anna erlebt gerade ihren ersten Winter, es ist wochenlang grau und kalt. Einen Schneemann kann sie noch nicht bauen, dazu ist sie noch zu klein. Und so hat sie eigentlich Grund, sich zu beschweren: Immer drinnen mit den paar bunten Sachen, die ihr die Eltern auf den Spielteppich legen. Aber wenn ich ins Zimmer komme, lacht Anna mich an. Wenn sie auf dem Schoß ihres Papas sitzt, lacht Anna. Wenn Mama ihr ein Lied singt, lacht Anna. Und da wir alle, wenn wir sie ansehen, auch lachen müssen vor Freude, sieht Anna fast immer in lachende Gesichter.

Das sind alles nur Reflexe, sagen die Hirnforscher. Aber die Psychologen haben herausbekommen, dass ein Lächeln im Gesicht die Seele verändert. Anna ist ein glückliches Kind – und alle, die sie kennen, freuen sich.

Was wäre, wenn die Models Anna sehen würden? Sie dürften nicht lächeln, ich weiß. Lächeln ist albern. Kitschig. Dumm. Böse sein ist interessant, anregend, spannend. Und ihre Seele, ob die wohl noch lächeln kann?

»Ach, Allfried, wie gut, dass es Mütter gibt, die ihre Kinder anlächeln! Dass es Babys gibt, die mit ihrem Lächeln andere froh machen!«

»Warum nur Babys? Du könntest es ja auch einmal mit einem Lächeln versuchen!«

Das ist wieder so eine Idee von Allfried. Wen soll ich denn anlächeln? Lächeln ist albern. Kitschig. Dumm.

Da hätte mich doch fast eine Radfahrerin angefahren. Wir haben beide nicht aufgepasst. Sie erschrickt und ich springe rückwärts. Und dann versuche ich es einfach mal, ich sage »Hoppla« – und lächle. Die junge Frau sieht mich erstaunt an, dann lächelt sie auch.

»Allfried, du hast recht. Morgen versuche ich es wieder. Ich kann mir das leisten. Model will ich ja eh nicht mehr werden.«

# Im Flockentanz

Allfried, es schneit!«

»Wie schön! Du liebst doch das sanfte Fallen der weißen Flocken, das Glitzern der Sonne auf den weißen Feldern.«

Wie poetisch Allfried manchmal ist — wenn er mich zitiert. Natürlich liebe ich die leuchtende Winterlandschaft, vor allem vom Fenster aus. Oder wenn wir hineinwandern in den Schnee und zu Hause dann in der gemütlichen Sofaecke der heiße Tee dampft. Ja, so kann ich dem Winter viel abgewinnen, aber ...

»Allfried, ich muss noch fahren!«

Immerhin, ich weiß ihn an meiner Seite. Ich habe den Wagen unter einem Berg Schnee ausgegraben, habe mit einiger Mühe die Tür geöffnet, das Eis abgekratzt und er springt sogar an. So ein tapferes Autochen! Ich wusste doch, dass wir ihn noch nicht entsorgen sollten, als alle Leute meinten, es sei viel günstiger, sich etwas Neues zu kaufen.

Die Nebenstraße ist weder geräumt noch gestreut, na ja, dreißig Stundenkilometer ist ja auch eine ganz schöne Geschwindigkeit. Nur — wenn wir weiter so rasant vorankommen, wird es dunkel und gerade das letzte Stück ist kritisch. Da geht es in Serpentinen den Berg hoch.

»Allfried?!«

»Nun fahr mal ganz ruhig. Statt über die Serpentinen nachzudenken, solltest du auf die Straße sehen.«

Wo Allfried recht hat, hat er recht. Die Hauptstraße sieht besser aus, auf der geräumten Fahrbahn fährt es sich gut, das bedrohliche Glitzern von Eis ist nicht zu erkennen, aber der Schnee fällt in immer dichteren Flocken. Bald sehe ich die Straße kaum noch, ich fahre hinein in den Flockentanz, in Heerscharen von kleinen weißen Engelchen, die sich vor meiner Windschutzscheibe sammeln und sich über mich lustig machen, immer lustiger. Und Allfried?

»Kannst du nicht mal dafür sorgen, dass ich etwas sehe?«

Allfried hüllt sich in Schweigen. Werde ich je ankommen? In dem Tempo? Ich muss schon wieder auf die Bremse treten, ein entgegenkommender Wagen beleuchtet die Schneeflocken, sodass ich von der Straße gar nichts mehr sehe. Und hier war doch die erste Kurve!

»Allfried, bitte, jetzt keinen Gegenverkehr mehr! Bitte!«

Ich gerate in Panik. Die Fahrbahn, soweit ich sie überhaupt erkennen kann, glitzert. Weiß. Einmal rutscht der Wagen nach rechts, ich kann gerade noch gegenlenken. Und dann sitzt auch noch einer hinter mir, einer, der offensichtlich genau weiß, dass es überhaupt nicht glatt ist und mich am liebsten anschieben möchte. Ich fahre schneller, aber ich entkomme ihm nicht.

»So, jetzt ist aber Schluss!«

Es klingt, als hätte selbst Allfried Angst. »Du hast ein Recht darauf, unter schwierigen Bedingungen angemessen langsam zu fahren! Es ist deine Gesundheit, es ist dein Auto und jede heftige Lenkbewegung ist gefährlich. Wenn der da …« (Selbst Allfrieds Nächstenliebe hat ihre Grenzen, denke ich.) »Wenn der da hinter dir das anders sieht, ist es sein Problem!«

Ich nehme den Fuß gerade rechtzeitig vom Gaspedal, mein Hintermann (oder sollte es tatsächlich eine todesmutige Hinterfrau sein?) setzt zum Überholen an. Der Motor heult auf, Schneematsch fliegt auf meine Motorhaube und dann schlingert er (oder sie) vor mir her und beleuchtet die Straße.

»Hihi, jetzt traut er sich auch nicht schneller!«

Aus dem Schneegestöber taucht der Wegweiser auf: Ich muss nach rechts abbiegen. Nur jetzt nicht im Graben landen. Danach ist die Straße leer, nur erfüllt von den tanzenden Flocken. Das Auto brummt beruhigend, die Räder fassen. Ich atme auf.

»Danke, Allfried.«

»Das Gefährlichste ist deine Angst. Die Angst vor dem Rutschen, die Angst vor den anderen Verkehrsteilnehmern. Bleib ruhig und verlass dich auf deine Fähigkeit, die Situation richtig einzuschätzen. Du kennst dich und dein Auto.«

So ein langer Vortrag, fast wie in der Schule!

»Jetzt kommen die Serpentinen, Allfried.«

»Das schaffst du auch.«

Über uns bilden die Wipfel der Fichten ein Dach, das wilde Treiben vor der Windschutzscheibe lässt langsam nach und die Straße ist nur mit einer dünnen Schneeschicht bedeckt. Ich gehe mit Bedacht in die Kurven, niemand drängelt und das Auto schnurrt den Berg hinauf. Es geht viel leichter, als ich erwartet habe. Und es kann auch nicht mehr weit sein.

Als sich der Wald öffnet, liegt unter einem leuchtenden Sternenhimmel die tief verschneite Landschaft vor mir. Und vom Berg herüber winkt ein Licht: Wir sind am Ziel. Dort warten liebe

Menschen, Wärme und Geborgenheit. Läge ich
jetzt mit meinem Auto im Graben ...

»Allfried, ich hatte große Angst!«

»Na ja, es war keine einfache Fahrt. Und man
kann bei diesem Wetter natürlich auch zu Hause
bleiben.«

Allfried scheint zu seufzen. Es hat ihn heute
wohl doch ziemlich angestrengt, mich zu beschützen.

## Begegnung im Zug

Im Speisewagen war viel Platz. Ich nahm einen
kleinen Tisch am Fenster. Erstaunlicherweise
kam eine junge Frau auf mich zu, eine sehr junge
Frau, und fragte, ob sie sich auf den Platz mir gegenüber setzen dürfte. Ich nickte nur.

Etwas an dieser jungen Frau nahm mich für sie
ein. Ein fein geschnittenes Gesicht, große braune
Augen und langes schwarzes Haar, das sie offen
trug. Ihre Sprache war klar und flüssig, nur ein
leiser Akzent deutete an, dass sie vielleicht nicht
immer und nicht nur Deutsch gesprochen hatte.
Wir saßen einander gegenüber, der Kellner stellte

mir meinen Salat auf den Tisch, sie bestellte ein Getränk, wir schwiegen.

Plötzlich, unerwartet, hob sie den Kopf und sah mich an: »Darf ich Sie etwas fragen?«

Ein Flackern in ihrem Blick zeigte: Es ging nicht um den nächsten Bahnhof oder die neuesten Politikskandale. Sie wartete meine Antwort auch gar nicht ab.

»Wenn man etwas ganz Schlimmes getan hat, was nie wiedergutzumachen ist, gibt es dann Vergebung?«

Ich war unterwegs zu einer Lesung, ich wollte mich eigentlich noch vorbereiten, ich wollte mich auch ausruhen, ich wollte alles, nur keine theologischen Gespräche führen.

»Allfried!«

Wie zu erwarten, äußerte Allfried eine ganz andere Meinung.

»Sie braucht Hilfe!«

»Ja, Allfried, aber wie soll ich ihr helfen? Wie soll ich die rechten Worte finden, ausgerechnet ich mit meinem Kopf voller Termine und Texte?«

Ganz bestimmt würde ich alles falsch machen und hinterher ginge es ihr vielleicht noch schlechter. Und überhaupt: Mein teures Essen. Na ja, kalt würde der Salat nicht, darauf musste Allfried mich nicht erst aufmerksam machen ...

»Ich glaube, dass Gott Sünden vergibt. Wir Christen leben davon, dass unser Versagen nicht das Letzte ist ...«

»Aber – ich habe ein Kind abgetrieben.«

Da war es heraus und der Salat war egal, die Lesung, der Speisewagen, alles. Ich sah in ihren Augen eine so furchtbare Verzweiflung, dass ich nicht anders konnte. Ich nahm ihre Hand und drückte sie ganz fest, schon deshalb, weil mir in diesem Augenblick das lachende Gesicht meines kleinen Enkels vor Augen stand.

»Meine Eltern hätten es nicht verstanden, sie hätten mich verstoßen. Wir sind Muslime, sie wollen, dass ich Jungfrau bleibe. Ich habe mich nicht getraut, es ihnen zu sagen.«

»Das verstehe ich.«

»Aber – es ist Sünde.«

»Ja, es ist Sünde.«

»So, Allfried, nun geht es um die Rechtfertigungslehre, um Reue, Buße, Umkehr, Gerechtigkeit. Es geht um Jesu Tod am Kreuz, um das Blut, die Erlösung, es geht um die Gnade. Und der Zug rollt, wir sind durch Fulda hindurch, in Würzburg muss ich aussteigen und vor mir sitzt sie und sieht mich an. Ich fühle mich überfordert, Allfried! Soll ich ihr jetzt den Unterschied zwischen evangelischer und katholischer Lehre oder zwischen Luther und Calvin erklären, damit sie sich aussuchen kann, was ihr jetzt hilft? Und wird nicht auch Allah immer wieder als der Vergebende bezeichnet?«

Auch wenn er nichts sagt, fühle ich, dass mein Engel, der sowieso theologisch bemerkenswert ungebildet ist, mich verspottet.

»Ja, Allfried, ich verstehe.«


»Ich glaube an Gottes Gnade. Ich glaube, dass wir immer und unter allen Umständen darauf vertrauen können, wenn wir Vergebung suchen. Auch wenn wir Schlimmes getan haben, das nie wiedergutzumachen ist, auch dann. Ich glaube es.«

Ihre Hand liegt in meiner, ihre Augen füllen sich mit Tränen.

»Ich hätte das Kind so gern gehabt.«

»Ja – und nun können Sie es nur noch in Ihrem Herzen begraben. Das tut weh, entsetzlich weh.«

»Meine Ausbildung hätte ich natürlich abbrechen müssen. Ich fahre zu einer Fortbildung, ich lerne Reisekauffrau und es macht mir Spaß. Aber ich hätte das Kind trotzdem haben wollen. Nur mein Freund war auch dagegen.«

»Allfried, kann ich diesen Freund mal kurz verprügeln? Ich soll doch authentisch sein und das wäre jetzt eine absolut authentische Reaktion!«

Aber ich habe keine Gelegenheit, bösen Gedanken nachzuhängen. Zwischen der jungen Frau und mir ist ein tiefes Schweigen, das keinen Raum lässt für Aggression. Wir stehen an einem Grab und trauern um ein Kind, um ein lachendes, weinendes, trotziges, fröhliches Kind, das starb, bevor es geboren wurde.

»Es war ein Junge«, sagt sie.

Ob die Eltern sich nicht doch gefreut hätten über den kleinen Enkel? Kurz vor Würzburg wage ich ein Wort des Trostes.

»Gott wird Ihnen verzeihen, wenn Sie darum bitten. Glauben Sie daran! Und Sie werden Kinder haben, ganz bestimmt ...«

Sie nickt zaghaft.

»Aber – jetzt müssen Sie die Trauer aushalten. Und sich auch selbst verzeihen. Vielleicht ist das am schwersten.«

Sie sieht mich an und versteht.

In Würzburg hält der Zug, wir sind pünktlich. Ich steige aus, sie geht in ihr Abteil.

»Was will ich hier, Allfried?«

Ach ja, ich habe einen Termin.

Viele Jahre sind seitdem vergangen. Ich weiß nicht, was aus der jungen Frau geworden ist, ich habe sie nicht nach ihrem Namen gefragt, nicht nach ihrer Adresse. Doch manchmal denke ich an sie, hoffe, dass sie einen anderen, einen liebevollen Partner gefunden hat und sich an ihren Kindern freut.

Wahrscheinlich gibt es nicht viele Menschen, die wissen, dass sie tief in ihrem Herzen ein Kind begrub. Und dass sie nur weiterleben konnte, weil Gottes Gnade dieses Grab bedeckt.

## Die Waage

Niemand hört meinen Schreckensschrei im Bad, nur Allfried.

»Die Waage ist kaputt!«

Mitgefühl irgendwo? Weit gefehlt.

»Na und?«

Vermutlich wird mein Mann genauso reagieren, wenn ich ihn gleich darauf aufmerksam mache. Aber es kann doch schließlich nicht sein, es ist überhaupt ganz unvorstellbar, dass es stimmt, was die Waage anzeigt. Sicher, so eine kleine Tendenz war schon erkennbar und jetzt waren wir auch mehrmals eingeladen und haben richtig gut gegessen und überhaupt – Ostern, Feiertage ...

»Allfried, die Waage muss kaputt sein. Es ist doch nicht möglich, dass ich vier Pfund zugenommen habe.«

»Warum ist das nicht möglich?«

Wie soll man einem Engel erklären, was es bedeutet, vier Pfund zuzunehmen, wenn man gerade mal einen Meter dreiundfünfzig groß ist.

»Ich werde bald als Kugel durch die Landschaft rollen!«

»Wie lustig!«

»Nein, Allfried, es ist ernst! Wenn ich weiter so zunehme, passe ich nicht mehr in meine Hosen. Und es ist ungesund. Und ich bin froh, dass ich nicht so viel mit mir herumschleppen muss. Zugegeben, ich bin auch ein bisschen stolz darauf, schlank zu sein. Ist das schlimm?«

»Das ist nicht schlimm, solange du dich nicht

verrückt machst. Kannst du nicht die vier Pfund auch wieder abnehmen?«

»Ja, natürlich, aber vielleicht ist die Waage doch wirklich kaputt.«

Mein Mann wechselt kopfschüttelnd die Batterien: »Ich kann mir nicht vorstellen, dass die schon verbraucht sind. Aber wenn du meinst ...«

Am nächsten Morgen versuche ich es wieder. Allfried muss in der Nähe sein.

»Na, lag es an der Waage?«

»Natürlich nicht.«

»Und bist du gestern noch in deine Hose gekommen?«

»Erstaunlicherweise ja.«

»Wo ist dann das Problem?«

Das frage ich mich inzwischen auch. Beim Frühstück verzichte ich auf die zweite Scheibe Brot mit dem Ergebnis, dass ich schon lange vor dem Mittagessen wieder Hunger habe. Irgendwie klappt es nicht mit der Kontrolle. Mein Körper macht, was er will. Und da liegt das Problem.

»Allfried, ich nehme an, dass ich deshalb zugenommen habe, weil mein Leben im Augenblick so ruhig verläuft.«

»Willst du unbedingt Stress haben? Zum Beispiel noch mal umziehen?«

»Nein, bitte nicht!«

»Also …«

Natürlich hat Allfried wieder recht. Mit den vier Pfund mehr kann ich leben und eine Model-Karriere hatte ich sowieso nicht im Sinn. Mehr sollten es aber nicht werden, damit ich mir nicht neue Sachen kaufen muss. Ich hasse es, im Geschäft Kleidung anzuprobieren! Aber das mit der Kontrolle macht mich nachdenklich. Eigentlich ist es das, was uns vorschwebt: Immer schön alles im Griff haben. Schmerzen? Tablette! Schlaflosigkeit? Tablette! Abnehmen? Tablette und Diät. Älter werden? Anti-Aging-Creme! Falten? Operieren!

»Allfried, sind wir eigentlich verrückt?«

»Sein wollen wie Gott, das ist auch ein Stück davon. Aber die Unsterblichkeit ist euch nicht gegeben. Was ihr auch tut, es wird nichts ändern.«

Mit Schaudern denke ich an die Fülle von Medikamenten, die ich fand, als meine Tante starb: Beruhigungsmittel, Schlafmittel, Aufputschmittel. Meine Tante war eine fromme Frau, und dass sie Kopfschmerztabletten nahm, habe ich gut verstanden, habe ich doch ihre Neigung zu Kopfschmerzen geerbt. Aber das andere, das hat sie kaputtgemacht. Es war furchtbar, als sie im Krankenhaus keine Schlafmittel mehr bekam, ein grausamer, kalter Entzug. Und dabei meinte sie doch, sie müsste immer funktionieren, um Gott dienen zu können mit aller Kraft.

»Es fällt mir schwer, mich zu fügen: die Veränderungen auszuhalten, die das Alter mit sich bringt. Du weißt nicht, wie das ist, Allfried, du bist ein Engel.«

Nach einer ganzen Weile sagt Allfried etwas, worüber ich lange nachdenken muss: »Wenn du die Veränderungen geduldig aushältst, hast du schon Anteil an der Ewigkeit.«

## Ich bin krank

Allfried, bin ich krank?«

Ich schlage die Augen auf, es ist noch sehr früh, dämmrig im Zimmer und ganz still. Um diese Zeit und in dieser Stille weiß ich Allfried nah. Er wird mich hören, auch wenn ich ihn nicht sehe.

»Was ist los?«

»Der Kopf tut weh und vor allem der Hals. Eigentlich alles. Aber vielleicht sind es auch nur die Sorgen … jeden Tag schlechte Nachrichten von irgendwoher. Ehen, die auseinandergehen, Kinder, die hin und her gerissen werden, als könnte es keiner mehr mit keinem aushalten.«

»Warum sagst du ›nur die Sorgen‹?«

»Ja, wenn ich jetzt im Bett bleibe, mir die Decke über die Ohren ziehe, die Wärme genieße, muss ich da nicht einen richtigen Grund haben? Ich kann mich ja vielleicht auch zusammenreißen.«

»Gibt es heute etwas ganz Wichtiges zu tun?«

Ich denke nach. Was ist ganz wichtig? Eigentlich versäume ich nichts, wenn ich jetzt wirklich sage: Schluss. Aus. Vorbei. Ich muss erst wieder Kraft sammeln. Und sprechen kann ich sowieso nicht, der Hals tut so weh, die Bronchien sind angegriffen.

»Als du im Herbst schon einmal die Probleme hattest und aufgestanden bist, wurde es hinterher noch schlimmer, erinnerst du dich?«

»Ja, Allfried, aber … Du weißt doch: Ich bin preußisch erzogen. Leistung bis zum Umfallen. Nur keine Schwäche zeigen.«

»Ist Kranksein Schwäche?«

»Na, Stärke ist es doch wohl nicht.«

»Und du musst immer, immer stark sein?«

»Ach, Allfried, jetzt wirst du schon wieder so grundsätzlich. Ich weiß, worauf du hinauswillst. Aber all die Probleme in den Familien, um die ich mich sorge – kommen die nicht daher, dass die Menschen nur noch Schwächen kultivieren? Dass sie nichts mehr aushalten wollen? Die Ordnungen zerbrechen, die festen Strukturen lösen sich auf, weil sie nur noch als Einengung erfahren werden. Eine Generation wächst heran, die nicht mehr weiß, was eine Familie ist.«

»Schwächen kultivieren und Strukturen zerbrechen ist etwas anderes als seine Grenzen zu akzeptieren.«

Ich drehe mich auf die Seite und ziehe mir die Bettdecke bis über die schmerzenden Ohren.

»Ja, Allfried, ich weiß: Ich bin alt, ich habe nicht mehr so viel Widerstandskraft wie vor zwanzig Jahren, ich muss klein beigeben. Ich glaube, ich bin wirklich krank. Und wenn ich mich jetzt zwinge, dann wird davon nichts besser. Ich brauche Kraft, um das auszuhalten, was um mich her passiert.«

»Dann sei krank.«

Ich bleibe ganz still liegen, genieße die Wärme im Bett und überlege, was ich gegen die Schmerzen tun könnte. Eine ganze Weile bin ich nur mit mir und meinen Beschwerden beschäftigt.

»Allfried, jetzt denke ich nur noch an mich. Meine Sorgen um die andern habe ich fast vergessen. Ist das denn richtig?«

»Ja«, sagt Allfried.

»Also nehme ich jetzt eine Tablette und lege mich wieder hin?«

»Ja«, sagt Allfried.

»Und dann?«

»Dann wird es dir wieder besser gehen. Glücklicherweise bist du ja nicht schwer krank. Du wirst wieder Kraft spüren. Und keine Angst: Die Sorgen bleiben dir erhalten.«

»Ach, Allfried ...«

Ich schleiche ins Bad und betrachte das Bild im Spiegel. Gut, dass ich keine Brille aufgesetzt habe. Es sieht auch so schlimm genug aus. Vielleicht brauche ich wirklich mal ein paar Tage Ruhe.

Ich schlucke etwas gegen die Kopfschmerzen und stecke mir eine Lutschtablette in den Mund. Viel wird das nicht helfen, aber es lindert ein wenig den Schmerz beim Schlucken. Dann verkrieche ich mich wieder und murmele Allfried noch ein »Also ... danke!« zu.

Tatsächlich schlafe ich wieder ein, bis mein

Mann sich meldet. Eigentlich wäre es Zeit aufzu-
stehen.

»Ich bin krank. Könntest *du* bitte Frühstück
machen?«

## Stromausfall am Morgen

Ich wache auf und blinzele nach dem Radiowecker. Aber ich sehe nichts. Am besten also:
Augen zumachen, weiterschlafen, es muss noch
früh sein und ich habe mir vorgenommen auszu-
schlafen. Die nächsten Tage werden wieder stres-
sig …

Noch einmal: Augen auf, Blick auf den Radiowecker, aber die Anzeige ist schwarz. Wie bitte?
Was ist los?

Jetzt bin ich auf einmal hellwach, sehe mich im
Zimmer um: Ich bin allein, mein Mann ist mehrere Tage unterwegs – und prompt passiert etwas.
Dabei scheint die Morgensonne so freundlich
durch die Vorhänge und hüllt das Schlafzimmer in
einen rötlichen Schein. Und irgendwo muss Allfried stecken.

Keine Anzeige an dem Radiowecker. Ich versuche es mit der Nachttischlampe. Kein Licht. Da springe ich aus dem Bett und renne in die Küche. Nichts funktioniert.

»Allfried! Der Strom ist ausgefallen!«

»Na und?«

Typische Antwort eines Engels! Über seine Energiequellen hat er mich noch nie aufgeklärt. Aber wie soll ich mir Kaffee kochen?

Ich greife zum Telefon: Fehlanzeige. Den Computer brauche ich gar nicht anzuschalten, beim Laptop ist der Akku sowieso schon fast leer. Der Kühlschrank ist isoliert und hält eine Weile durch. Wozu braucht man warmes Wasser, kaltes macht doch viel munterer?! Und nun kann ich anfangen nachzudenken: Was ist passiert?

Ich müsste wissen, wie es bei den Nachbarn aussieht, ob die auch keinen Strom haben. Aber die Nachbarn schlafen um diese Zeit noch. Das verrät mir meine Armbanduhr. Es ist gerade erst sieben.

»Warum bist du nicht im Bett geblieben? Der Strom wird schon wieder angestellt werden. Reg dich nicht auf!«

Da Allfried der Einzige ist, mit dem ich mich früh am Morgen allein in einer stromfreien Wohnung unterhalten kann, bekommt er natürlich meinen Ärger ab.

»Aber verstehst du denn nicht: Ich weiß nicht, was passiert ist. Ich fühle mich entsetzlich hilflos.«

Nichts geht ohne Strom. Auf das elektrische Messer kann ich ja verzichten, auch auf den Fernseher, aber nicht auf meinen Kaffee! Vielleicht geht gerade die Welt unter und ich erfahre es gar nicht.

Allfried bleibt mitleidslos. »Du willst doch sonst immer so unabhängig sein und schimpfst über den furchtbaren Stromverbrauch. Jetzt sieh einmal zu, wie du zurechtkommst.«

Ich mache das Fenster auf. Draußen steht ein Junge mit Ranzen und wartet auf seinen Freund. Auf der anderen Straßenseite fährt mit quietschenden Reifen einer los, er hat wohl Angst, zu spät zur Arbeit zu kommen. Ich muss nicht weg, ich darf zu Hause bleiben, aber ich habe keinen Strom und gerate in Panik, obwohl die Welt noch nicht untergegangen zu sein scheint.

Mir fällt ein, dass wir Besitzer eines Kofferradios sind. Das müsste doch funktionieren. Tut es auch. Und eine sehr beruhigende Männerstimme teilt mir mit, dass Wolfsburg und Mainz unentschieden gespielt haben. Von einem deutschlandweiten Stromausfall ist nicht die Rede.

»Allfried, wenn die Windräder Energie machen, dann müsstest du das doch auch können mit ein bisschen Flügelschlagen.«

»Meine Flügel sind nicht dazu da, euch mit Strom zu versorgen!« Ich glaube, er lacht mich aus. Schon wieder. Soll ich zu Gott beten, dass er den Strom wieder anstellt? Was für eine alberne Idee. Millionen Menschen auf der Welt kommen ohne elektrische Energie aus und ich stelle mich wieder an wie ein kleines Kind.

»Also, Allfried, wenn du mir nicht helfen willst, obwohl du mein Schutzengel bist und mich eigentlich auch vor Stromausfällen beschützen müsstest, dann trinke ich eben kalte Milch zum Frühstück!«

»Das wird dir nicht schaden. Und anschließend kannst du bei den Nachbarn klopfen und hören ...«

Da fängt plötzlich etwas hinter meinem Rücken an zu rattern. Das Faxgerät meldet sich zurück. Ich drücke auf alle Schalter. Der alte Wecker mit dem Zifferblatt tickt wieder und zeigt eine Dreiviertelstunde Verspätung. Aber er ist wieder da, der Strom, die Energie, die unser Leben beherrscht.

»Schade«, sagt Allfried, »ich hätte doch zu gern erlebt, wie du mal ohne Strom auskommst.«

»Dass ein Engel so fies sein kann!«

Aber wenn ich ehrlich bin, muss ich zugeben: Es wäre ein interessantes Experiment geworden.

## Ein richtiger Brief

Der Postbote war da, ich sehe vom Balkon aus, wie er sein klappriges Fahrrad zum Nachbarhaus schiebt. Haben wir Post bekommen?

Natürlich: zwei Rechnungen, drei Briefe mit der dringenden Bitte zu helfen und das ultimative Angebot einer Reise, die nichts kostet – nur an ausgewählte Personen (seltsamerweise gehören alle unsere Freunde dazu und einige kamen mit einem neuen Teppich zurück). Genervt lege ich den Stapel beiseite. Könnte nicht einmal …?

Da fällt ein Umschlag heraus, den ich offensichtlich übersehen habe. Ein richtiger Briefumschlag mit einer bunten Briefmarke, die Adresse ist mit schwungvoller Schrift darauf geschrieben.

Ein Brief! Ich habe einen Brief bekommen!

Eine Weile betrachte ich das unerwartete Geschenk. Dann öffne ich ihn sorgfältig mit dem versilberten Brieföffner, den mir vor Jahren mein

Mann geschenkt hat, falte das leicht strukturierte Briefpapier auseinander und lese. Es ist ein langer Brief.

Meine Freundin schreibt von ihren Kindern, wie sie mit ihrem Enkel im Sand buddelt. Sie erzählt anschaulich und mit leicht ironischen Kommentaren, was es in der kleinen Stadt, in der wir einmal gewohnt haben, an Neuigkeiten gibt. Sie erkundigt sich nach unseren Ferienplänen und beteuert, dass es ihr nach der langen schweren Krankheit wieder gut geht. Und beim Lesen steht mir das alles deutlich vor Augen, ich habe das Gefühl, ganz nahe bei ihr zu sein.

»Allfried, ich habe einen Brief bekommen. Und es steht so viel darin. Ich freue mich darüber und weiß gar nicht, warum. Hätte sie nicht genauso anrufen können oder eine E-Mail schreiben?«

»Du bist oft gar nicht begeistert, wenn das Telefon klingelt. Entweder hast du Angst, die Suppe kocht über, oder du wolltest gerade eine Banküberweisung am Computer machen ...«

»Ja, das stimmt. Ich bin sehr dankbar für das Telefon, das mich mit meinen Lieben verbindet, aber manchmal wünschte ich mir, es würde zehn Minuten später klingeln oder der Anruf wäre eine halbe Stunde früher gekommen, weil ich gleich zum Bus rennen muss. Oder es ist der dritte Anruf am Vormittag und ich habe so viel Wäsche. Der Anrufer kann ja auch nie wissen, ob ich nicht gerade dringend ... na, du weißt schon! Deshalb fragen wir einander auch immer, ob es passt. Aber es macht mich trotzdem traurig, wenn ein Anruf kommt und ich muss sagen: Bitte jetzt nicht! Es ist eine Zurückweisung, wie man es auch nimmt. Den Brief hätte ich auch in einer halben Stunde lesen können.«

»Und du kannst ihn immer wieder lesen. Es soll ja Briefe geben, die sind zweitausend Jahre alt und werden immer wieder gelesen.«

»Komische Vorstellung, dass Paulus in Korinth angerufen hätte, um den Christen dort die Meinung zu sagen ... und auch eine E-Mail wäre bestimmt nicht mehr auffindbar. Es ist wohl so, dass alles Schriftliche Dauer hat. Ich kann die Liebesbriefe meines Mannes noch lesen, die ersten Geschreibsel meiner Kinder und sogar die bewegenden Feldpostbriefe meines Vaters.«

»Und trotzdem schreibst du fast nur noch auf dem Computer!«

Da hat er mich mal wieder erwischt, mein Engel. Ich schwärme vom Wert der handgeschriebenen Briefe und verschicke täglich Nachrichten übers Internet.

»Allfried, die Briefe an unsere Freunde in Afrika brauchen vier Wochen!«

»Aber meistens kommen sie an. Und es gibt dort genug Menschen, die keinen Internetzugang haben und für die jedes geschriebene Wort eine Kostbarkeit ist. Sie erfahren dadurch, dass sie einem andern etwas wert sind.«

Mich durchfährt es: Vor Jahren besuchten wir in Burkina Faso am Rande der Hauptstadt den alten Paul. Er hatte mal für uns gearbeitet und seitdem schrieb er uns immer wieder Karten mit bunten Blumen, die vom roten Sand des Sahel eingefärbt und mit vielen bunten Briefmarken schief beklebt waren. Damals habe ich ihm geantwortet, wenigstens ein oder zwei Mal im Jahr. Als wir ihn besuchten, strahlte er über das ganze Gesicht, dann holte er eine staubige schwarze Aktentasche aus dem dunklen Haus. Wir fragten uns, was für einen Schatz die Tasche barg.

Sie war leer, scheinbar. Aber nach einigem Suchen zog er einen kleinen Stapel blaue Luftpostumschläge heraus – meine Briefe! – und hielt sie triumphierend in die Luft.

»Allfried, ich habe so lange keinen Brief mehr geschrieben! Es muss immer schnell gehen. Und ich kann übers Internet mit viel mehr Menschen in Kontakt bleiben.«

»Und wie intensiv ist dieser Kontakt?«

»Meistens etwas oberflächlich, das gebe ich zu. Aber nicht immer. Und es bleibt die Möglichkeit, das, was fehlt an Tiefe und Offenheit, im Brief zu ergänzen.«

»Die Möglichkeit bleibt – wenn man sie denn nutzt.«

O ja! Wo Allfried recht hat, hat er recht. Eine Weile halte ich den schönen Brief meiner Freundin noch in der Hand. Ich werde ihr schriftlich antworten, das ist ganz klar.

»Ich fürchte nur, Allfried, es wächst eine Generation heran, die gar nicht mehr weiß, dass man Briefe schreiben kann. Ich bekomme so oft keine Antwort, wenn ich denn mal geschrieben habe. Und die Jüngeren werden sich in dreißig Jahren vielleicht einmal fragen, wo ihre Liebesbriefe geblieben sind, aber jetzt verstehen sie gar nicht, dass wir uns so viel Gedanken machen, wo es doch alles gibt, um immer, sofort und jederzeit in Kontakt zu bleiben: E-Mail, SMS, Twitter, Facebook … Ich bin ganz stolz, dass meine Enkelin mir kürzlich auf meine Anfrage hin eine Textnachricht vom Handy schrieb, ich kam mir wie eine richtig coole Oma vor.«

»Na, herzlichen Glückwunsch! Aber vielleicht freut sich deine Enkelin, wenn sie in späteren Jahren auch noch einen richtigen Brief ihrer coolen Oma in einer Schublade findet!«

## Die Familie kommt

Allfried, ich weiß, meine Kinder sind erwachsen. Aber ist das ein Grund, dass sie alles besser machen wollen als wir?«

Es ist Abend, ich liege im Bett und denke nach über den morgigen Tag. Sie kommen, die ganze Familie, und ich freue mich darauf, habe den Nachmittag mit Vorbereitungen verbracht und mache mir trotzdem Sorgen.

»Was hat denn die allwissende und allsorgende Mutter und Großmutter für Bedenken?«

Natürlich macht er sich wieder über mich lustig, mein Engel. Er will einfach nicht einsehen, dass es nicht so einfach ist: zwei Kinder, zwei Schwiegerkinder, vier Enkel – und sie sollen alle glücklich sein. Ja, das ist es: Ich bin dazu da, sie glücklich zu machen, aber manchmal gelingt es mir nicht.

»Also, wahrscheinlich haben die Eltern nicht ausgeschlafen, weil wieder ein Kind nachts ins Bett gekrabbelt kam und nicht allein schlafen wollte. Das ist eben so üblich bei ihnen. Und dann will jeder und jede etwas anderes zum Essen. Bei uns hieß es: Es wird gegessen, was auf den Tisch kommt! Von wegen: Ich mag das nicht ... und schon werden statt Kartoffeln Nudeln serviert. Dann darf aber auch kein Geschmacksverstärker dran sein und – o weh! – kein künstliches Aroma. Wenn die Kinder fertig sind, verschwinden sie, kein Gedanke, zusammen die Mahlzeit zu beenden. Der Dreijährige läuft mit der Windel herum, weil er keine Lust hat, auf den Topf zu gehen. Und die Eltern finden das in Ordnung. Die Kleinste wird gestillt, wann immer sie trinken will, auch wenn wir eigentlich gerade spazieren gehen wollen ...«

»War deine Mutter eigentlich zufrieden mit dir?«

»Meine Mutter? Allfried! Bei meiner Mutter wurden die Säuglinge alle vier Stunden angelegt und keine Minute vorher. Mit zehn Monaten wurden wir auf den Topf gesetzt. Und vor allem ging es darum, den eigenen Willen zu brechen, den Bock auszutreiben. Natürlich fand meine Mutter, dass ich viel strenger sein müsste!«

»Und jetzt findest du …?«

»Ja. Nein. Aber es muss doch trotz allem Regeln geben. Sonst wird das Leben zu kompliziert. Ich sehe, dass die Eltern überfordert sind, wenn sie versuchen, den Kindern alles recht zu machen. Und wie die Kinderzimmer aussehen! Da muss man mit dem Bagger reingehen – und es wird einfach nicht aufgeräumt. Stattdessen spielen sie mit dem Handy rum und hören Popmusik im Radio, kaum dass sie die Schaltknöpfe drehen können.«

»Und trotzdem hast du sie für morgen alle zum Mittagessen eingeladen?«

»Ja, sie sind doch so süß und ich hab sie so lieb.«

»Und wo ist das Problem?«

Ich seufze tief. Hat Allfried immer noch nicht verstanden, dass es eigentlich gar kein Problem gibt, nur …

»Habe ich denn damals, als meine Kinder klein waren, alles verkehrt gemacht, Allfried?«

»Nicht alles, nur manches. Ist dir noch nicht

aufgefallen, dass jede Generation ihre eigenen Fehler machen muss?«

»Aber es wäre so viel einfacher, wenn wir endlich wüssten, wie wir es richtig machen.«

»Das wisst ihr doch.«

»Wieso?«

»Du hast deine Kinder lieb und sie haben ihre Kinder lieb.«

Ich bin zu müde, um weiter darüber nachzudenken, warum ich mich eigentlich aufrege.

»Ja, das ist stimmt. Darum habe ich Nudeln und Kartoffeln gekocht. Alle Soßen und Gemüse sind Bioqualität.«

»Na dann wird es doch bestimmt ein gelungenes Essen!«

Sie kommen (fast) pünktlich! Sie haben sich auch unterwegs nicht gezankt. Das Baby ist bestens gelaunt. Da die Kinder genau wissen, wo die richtigen Schubladen sind, verwandelt sich das Zimmer in Minutenschnelle in eine bunte Spielwiese, man könnte auch vermuten, eine Bombe habe eingeschlagen. Beim Essen findet jeder etwas, was ihm schmeckt. Sanfte Drohungen der Eltern halten auch den Neunjährigen auf seinem Stuhl am Tisch fest, bis alle aufgegessen haben. Unsere Kleinste verteilt den Brei nur über dem abwaschbaren Set. Die Älteste steckt das Handy in die Tasche, ihre Freundin hat nicht angerufen. Und mit den Erwachsenen trinken wir ganz in Ruhe einen Kaffee, weil auf einmal alle Kinder friedlich spielen.

Als sie gegangen sind, stehen wir inmitten eines großen Durcheinanders aus Schokoladenpapier, Kaffeetassen, Legosteinen, Playmobil, Stofftieren, Babylätzchen.

»Na, es war doch schön«, sagt mein Mann und räumt den Geschirrspüler ein.

Abends vor dem Einschlafen habe ich das Gefühl, dass ich Allfried noch eine Erklärung schuldig bin.

»Wenn ich die Kinder so sehe – wie munter sie sind, was sie so für Ideen haben – dann denke ich: Es kann eigentlich nicht verkehrt sein, wie sie aufwachsen. Nur die Eltern tun mir leid. Alles was schön ist, ist eben auch anstrengend. Wir sollten sie vielleicht noch öfter ein bisschen entlasten.«

## Der Steinpilz

Mutti, das kannst du doch nicht machen!«
Zwar befinde ich mich im siebenten
Lebensjahrzehnt, aber dieser Schreckensschrei
meiner Tochter geht mir immer noch durch Mark
und Bein. Meist handelt es sich um etwas, das ich
essen will – und sie meint, das MHD sei doch seit
drei Tagen abgelaufen und der Joghurt sowieso
schon halb verschimmelt, die mehrere Tage alten Fleischreste im Kühlschrank würden sicher
zu einer schweren Fleischvergiftung führen …
Glücklicherweise habe ich inzwischen eine Ver-
braucherministerin zur Seite und berufe mich auf
die uralte Regel: sehen, riechen, schmecken, um
zu entscheiden, was noch verzehrbar ist. Längst
habe ich aufgegeben, meinen Nachkommen von
den Zeiten zu erzählen, wo man gern gegessen
hätte, was auf den Tisch kam – wenn da nur etwas
auf den Tisch gekommen wäre …

Ganz schlimm aber wird es im Sommer, wenn
ich durch den Wald gehe – und da stehen Pilze für
mich bereit. Es ist tröstlich, dass meine Kinder
so großen Wert drauf legen, dass ich auch diesen
Sommer überlebe, aber ihre Missachtung dessen,
was der Schöpfer für uns wachsen lässt, kann ich

einfach nicht teilen. »Auch ungiftige Pilze können gefährlich werden, wenn man dazu Alkohol trinkt«, heißt es. Das soll in irgendeinem Buch für gesunde Ernährung stehen. Wein wird zu den Alkoholika gerechnet und wir haben noch nie versäumt, zu einem leckeren Pilzgericht ein Glas Wein zu trinken. Also stehe ich im rauschenden Buchenwald vor einem Prachtexemplar von Pilz und höre innerlich die guten Ermahnungen. Verbote wirken bekanntlich auch in Abwesenheit der Erzieher.

»Allfried, ich glaube, das ist ein Steinpilz! Der steht hier und wartet auf mich. Da gehe ich nicht dran vorbei, der kommt mit und das Abendbrot ist gerettet. Es ist bestimmt kein Giftpilz, Allfried. Und außerdem passt du ja auf mich auf.«

Aber da habe ich etwas Falsches gesagt. Hinter mir zischt und schnaubt es, als wollte jemand platzen.

»Du bist wohl von allen guten Geistern verlassen! Hat dir dein Schöpfer vielleicht eine gewisse Masse Gehirn zur Verfügung gestellt? Glaubst du, dass ich als dein Engel für dich Giftpilze aus dem Weg räume? Kannst du nicht selber feststellen, was das für einer ist?«

So habe ich Allfried noch nie schimpfen hören.

Aber er hat ja recht. Woher soll ein Engel wissen, welche Pilze essbar sind? Ich dagegen habe ein Buch. Ich hocke mich auf einen Baumstumpf und krame das ziemlich zerlesene Pilzbuch heraus, mein Prachtexemplar immer vor Augen.

Also da ist ein Foto, und das sieht ihm schon ziemlich ähnlich. Gewarnt wird vor dem Gallenröhrling, der ähnlich aussieht und bitter schmeckt. Genau hingucken ist wichtig: brauner Hut, Röhren bis zwei Zentimeter lang, festes weißes Fleisch, leichte braune Zeichnung auf dem weißen dicken Stiel ...

»Allfried, es ist wirklich ein Steinpilz!«

»Bist du sicher?«

»Ja, ich bin alle Merkmale durchgegangen. Ich nehme ihn mit! Das wird ein leckeres Essen – und natürlich ein Glas Wein dazu ...«

»Du weißt doch, dass man zu Pilzen keinen Alkohol trinken darf.«

»Ach, Allfried, es gibt auch Bücher, in denen steht, welchen Wein zu welchen Pilzen man trinken soll ...«

Ich höre Allfried leise seufzen. Steckt er etwa mit meiner vorsichtigen Tochter unter eine Decke?

Auf dem Heimweg verspreche ich Allfried hoch

und heilig, dass ich immer nur Pilze essen werde, die ich genau bestimmt habe.

»Na dann, lasst es euch schmecken!«


## Die rote Jacke

Also, um sieben Uhr müssen wir aus dem Haus«, sagt mein Mann.

Wir sind eingeladen. Es wird wahrscheinlich ein netter Abend, ich freue mich darauf, aber gegen sechs Uhr werde ich unruhig. Um Viertel nach sechs öffne ich die Tür des Kleiderschranks.

»Allfried, ich habe nichts anzuziehen.«

»Der Schrank sieht aber ziemlich voll aus.«

»Ja, natürlich, aber wenn du genau hinsiehst: Für so eine Gelegenheit ist einfach nichts da! Ich kann doch nicht in Jeans gehen und meine Pullover sind entweder zu warm oder zu schäbig, es soll ja ein bisschen festlich sein, aber natürlich auch nicht zu sehr. Pailletten sind nicht angebracht, die Gastgeberin ist immer sehr sorgfältig, aber schlicht gekleidet. In der Bluse wird es mir wahrscheinlich zu kalt sein und Strickjacken finde ich schrecklich, auch wenn sie gerade wieder überall in den Frauenzeitschriften auftauchen. Zu dem Rock mit Blumenmuster kann ich nur etwas Einfarbiges tragen, doch die einzige etwas wärmere Bluse hat Streifen und an den aktuellen Mustermix kann ich mich einfach nicht gewöhnen, schließlich bin ich auch kein Teenager mehr ... Was mach ich bloß?«

Inzwischen ist es halb sieben. Ich frage mich, ob Allfried jetzt wirklich eine Hilfe ist. Schließlich interessieren ihn Dinge wie Rocklänge, Schulterpolster, Trendfarben, Materialmix überhaupt nicht und mich, ehrlich gesagt, auch nicht so sehr. Aber ich habe einen Spiegel. Den frage ich nie, wer die Schönste im Land ist, ich möchte nur wissen, ob die Frau, die darin erscheint, nicht zu sehr einer Vogelscheuche ähnelt.

»Wie wäre es denn mit der roten Jacke da?«

Ich glaube es kaum: Allfried guckt richtig hin!

»Habe ich die nicht neulich schon angehabt, als wir eingeladen waren? Ich ziehe sie so oft an, die kennen doch alle schon! Und was sollen die Leute von mir denken, wenn ich immer in derselben Jacke auftauche ...«

Das weiß Allfried natürlich nicht, er achtet mehr auf innere Werte, schließlich ist er ein Engel.

Aber nicht alle Menschen, mit denen wir zu tun haben, sind so eingestellt. Und selbst meine Tochter (»Willst du wirklich *den* Rock anziehen?«) hat mir schon das Gefühl vermittelt, dass ich schwere Fehler machen kann. Wie das so ist mit den Äußerlichkeiten – sie sind eben außen und werden darum zuerst bemerkt. Aber der Hinweis auf die rote Jacke ist gar nicht so schlecht, denke ich.

Allfried meldet sich noch einmal zu Wort: »Warum ist das schlimm, wenn du mehrmals in demselben Kleidungsstück gesehen wirst?«

»Ja, weißt du ... Es gibt Leute, die meinen, wer immer dasselbe anzieht, der hat kein Geld, sich etwas Neues zu kaufen, und wer kein Geld hat, der ist uninteressant. Wir leben im Kapitalismus, Allfried. Mao Tse-tung hat mal versucht, seinem ganzen Volk eine Einheitskleidung zu verordnen. Es ging nicht gut. Vielleicht ist es gar nicht der Kapitalismus, vielleicht ist es so wie bei den balzenden Pfauen. Nur dass sich da die Männchen schmücken ...«

»Bist du fertig?«, ruft mein Mann. Er hat natürlich das immer gleiche, recht gut sitzende Jackett an und sogar einen Schlips umgebunden. Den habe ich ihm wahrscheinlich vor etwa zehn Jahren zum Geburtstag geschenkt.

»Ich komme gleich!«

Also ich nehme die kurze rote Jacke, sie sitzt gut, passt zu den hellen Hosen, aber darunter muss ich noch ein sogenanntes Basic anziehen. Auch das findet sich in einem Stapel, den ich schon lange einmal durchsehen wollte.

»Allfried, du hast es gut.«

»Du auch!«

Ich sehe mich im Spiegel an und nicke beschämt.

»Ja, Allfried, ich habe es auch gut, sehr gut sogar. Ich habe nicht nur die rote Jacke, ich habe auch noch die Blusen, die Pullover, die Röcke, die Hosen – und morgen kann ich wieder Jeans anziehen und den bequemen, warmen Pullover. Und wenn mich jemand fragt, ob ich denn nur eine einzige Jacke hätte ...«

»... dann lädst du ihn ein in deinen Kleiderschrank. Aber natürlich wird dich niemand fragen, denn es ist euch doch wichtig, über solche Äußerlichkeiten erhaben zu sein.«

Und trotzdem sagt an diesem Abend die Gastgeberin, als wir uns verabschieden: »Ist die Jacke neu? Sie steht dir wirklich gut!«

## Friedhofsengel

Der Friedhof, wo ich die Gräber unserer Familie finde, liegt am andern Ende der Stadt. So bin ich immer eine ganze Weile unterwegs, wenn ich sie besuche, und komme ziemlich abgehetzt dort an. Dann führt mich mein Weg vorbei an kunstvoll gestalteten alten Grabsteinen, an vergoldeten Buchstaben: »Der Tod ist das Ende des Lebens, aber nicht der Liebe.« Und daneben steht ein Engel, der den schwarzen Stein mit beiden Armen umfasst. Ein anderer hat den Kopf gesenkt und die Hände gefaltet. Er sieht zu Boden, während drüben einer den Blick zum Himmel hebt und mit erhobener Hand nach oben weist, siegesgewiss. Nur leider ist der ausgestreckte Zeigefinger abgebrochen.

»Allfried, warum gibt es hier so viele Engel? Wir brauchen sie doch eigentlich draußen, auf der Straße, in den Geschäften, in den Familien. Stattdessen stehen sie hier auf den Gräbern und halten Wache, obwohl denen, die hier ruhen, gar nichts mehr passieren kann. Möchtest du vielleicht an meinem Grab stehen?«

Allfried lacht leise.

»Ich denke, dass diese Engel hier andere Aufgaben haben als ich. Sie sollen nicht begleiten, sie trauern.«

»Aber warum sollen die Engel trauern? Sie haben doch niemanden verloren. Vertreten sie vielleicht die Menschen, die keine Zeit haben oder meinen, sie hätten genug Geld ausgegeben und brauchten nun nicht mehr selbst zu trauern?«

Ich bin am Grab meiner Mutter angekommen. Da steht nur ein schlichtes Holzkreuz. Sie hat es so gewollt. Das Grab daneben trägt einen schönen Stein. »Unvergessen« steht darauf, der Name, die Lebensdaten, aber man kann fast nichts mehr lesen, denn Farn und Buchsbaum haben das Grab völlig überwuchert.

Bei meiner Mutter blüht der Lavendel jedes Jahr aufs Neue und duftet, wenn ich ihn berühre. Natürlich wächst immer Unkraut, der Farn breitet sich aus, die Rosen sind leider eingegangen und ich finde auch keine Tagetes mehr, nur noch ein paar Stiele. Da haben die Schnecken ganze Arbeit geleistet. Das Grab an der anderen Seite wird von der Friedhofsverwaltung gepflegt, man erkennt es an den in ordentlichen Reihen gesetzten Sommerblumen.

Ich mache mich an die Arbeit, ziehe das Unkraut

heraus und schneide die verwelkten Begonien ab. Wie immer, wenn ich das mache, höre ich die Stimme meiner Mutter, halb traurig, halb verärgert: »Lass das doch sein!« – »Ist doch nicht nötig!« In den Worten klingt etwas von der Bitterkeit ihres Lebens: Ich bin das doch gar nicht wert, dass jemand sich meinetwegen Mühe macht. Mir fallen alle diese vergeblichen Versuche ein, für sie etwas richtig Gutes und Teures zu kaufen. »Ist doch nicht nötig!«

Nach getaner Arbeit sitze ich auf der Bank. Von der Stadtautobahn her dröhnt der Verkehr, die Vögel aber lassen sich davon nicht stören. Und die alten Bäume breiten ihre Kronen über uns aus – über mich, über die steinernen Engel und die anderen Menschen, die etwas weiter entfernt mit der Gießkanne hin und her laufen. Auf manchen Gräbern blühen prachtvoll die Hortensien, gepflegte Rosenstöcke, aber ich sehe auch die vielen verwahrlosten Grabstätten ringsum.

»Allfried, manchmal habe ich den Eindruck, es wird nicht mehr lange dauern und es gibt gar keine Friedhöfe mehr. Es macht ja auch viel Arbeit, Gräber zu pflegen, es kostet Zeit und Geld ...«

»Und warum bist du dann hergekommen?«, fragt Allfried.

Ja, warum? Warum schreckt mich der Gedanke, dass es bald nur noch anonyme Grabstellen oder Friedwälder gibt?

»Für mich ist der Friedhof ein Ort der Begegnung«, sage ich zögernd. »Hier begreife ich, dass ich nur ein Glied in einer Kette bin, dass ich ein Erbe mit mir trage, auch wenn ich das gar nicht mehr wahrhaben will. Findest du das albern, Allfried? Natürlich ist das Wichtigste für uns zu wissen, dass unsere Toten bei Gott geborgen, aufgehoben, versöhnt sind. Dazu brauchen wir keine Gräber. Aber hier denke ich über vieles nach, was ich mit ihnen erlebt habe. Und manches wird mir auch klarer, was ich früher nicht verstand.«

Ich sehe auf die Uhr. Es wird Zeit aufzubrechen, aber es fällt mir schwer. Draußen ist es so laut und hektisch.

»Ja, es ist gut, dass du herkommst«, höre ich Allfried leise sagen, »weil du auch dein eigenes Sterben damit vorbereitest.«

Ich erschrecke. Daran habe ich nicht gedacht. Natürlich weiß ich, dass ich sterben werde. Aber wie kann ich es vorbereiten?

»Ihr reichen, starken Menschen habt vergessen, dass der Tod zu eurem Leben dazugehört. Ihr behandelt ihn als Unglücksfall oder Verbrechen und tut alles, um ihn zu besiegen. Die Menschen, die hier Engel an die Gräber ihrer Toten gestellt haben, wollten vielleicht auch daran erinnern: Da ist etwas, was über unser Leben hinausweist. Aber inzwischen ist das völlig aus der Mode gekommen, denn ihr wollt nicht daran denken, dass eure Klugheit und Schönheit vergeht. Nutze die Gesellschaft der Engel! Auch wenn die Schnecken deine Blumen fressen: Manches, was dich bedrückt, wird hier vielleicht leichter.«

Ich mache mich auf den Heimweg und grüße im Vorübergehen die steinernen Engel auf den Gräbern. Aber ich bin froh, dass einer mit mir mitgeht.

»Allfried, danke, dass du nicht auf dem Friedhof bleibst!«

## Nicht zu lang, nicht zu kurz

Es ist wieder einmal so weit. Unbarmherzig lässt mich der Spiegel wissen: Es lässt sich nicht mehr aufschieben.

»Allfried, ich muss zum Friseur!«

»Wie schön! Du brauchst eine halbe Stunde

nichts zu tun, nur still dazusitzen. Du bekommst sogar Kaffee, wenn du möchtest. Und du hast genug Geld, um die Rechnung zu bezahlen.«

»Ja, ja, aber wer weiß, wie ich hinterher aussehe. Ich erinnere mich noch, wie ich einmal nach Hause kam und mein kleiner Sohn begegnete mir gleich hinter der Haustür, sah mich kurz an und sagte: ›Aber ich hab dich trotzdem lieb.‹«

»So schlimm wird es doch jetzt nicht mehr werden! Beim letzten Mal warst du schon nach *einem* Regentag wieder ganz zufrieden mit deiner Frisur.«

»Ganz zufrieden, ja, weil nichts Besonderes anstand. Aber wie war das letztes Jahr? Bei der Hochzeit meiner Tochter sah ich aus, als sei ich unter einen Rasenmäher gefallen.«

»Du übertreibst mal wieder. Statt dass du dich freust, wie viel Mühe sich die netten jungen Frauen mit dir geben!«

Ja, die netten jungen Frauen … In Erinnerung ist mir eine, die meinen Hinterkopf längere Zeit betrachtete, ratlos mit den Fingern durch das schüttere Haar fuhr und sagte: »Was sollen wir denn da machen?« – So wie ein Arzt am Krankenbett eines hoffnungslosen Falles.

Trotzdem: Ich rufe an, bekomme einen Termin

bei einer Friseurin, die mir schon viel aus ihrem Leben erzählt hat, und mache mich zwei Tage später nach einem letzten verzweifelten Blick in den Spiegel auf den Weg. Aber es ist windig – was auch immer mit meinen Haaren passiert, man wird es hinterher kaum sehen.

»Vielleicht solltest du deutlicher sagen, was du willst. Oder nach einem Foto suchen!«, gibt mir Allfried noch mit auf den Weg.

Weil ich etwas zu früh bin, habe ich die Gelegenheit, in einer ausliegenden Zeitschrift zu blättern, in der es nur Frisuren zu sehen gibt. Unglaublich, was man alles mit Haaren machen kann. Nur was ich mir vorstelle ... finde ich erst ganz hinten, wo es um Frisuren aus dem letzten Jahrhundert geht. Die eine gefällt mir, auch wenn ich etwa dreimal so alt bin wie das Fotomodell.

Im Stuhl sitzend, die Haare gewaschen, den Kopf freundlich massiert, kommt dann wieder die Frage, vor der ich mich immer fürchte: »Na, wie wollen Sie es denn haben?«

Wie schon so oft bemühe ich mich zu erklären: Nicht zu lang, nicht zu kurz, etwas über die Ohren, stufig geschnitten.

Die freundliche junge Frau versucht zu verstehen. Das versuchte sie schon öfter und immer waren die Haare an der Seite zu kurz und hinten zu lang. Ich weiß, dass ich nicht in das Friseurweltbild passe, die gewünschte Frisur ist weder stylish noch sind meine Haare üppig und von leuchtender Farbe. Aber da war das Foto – und als ich es zeige, leuchten die Augen der Friseurin auf: »Also, wir schneiden Ihnen einen Bob!«

»Na«, sagt Allfried, als ich nach Hause komme und vor den Spiegel trete. »Hat es diesmal geklappt?«

»Ja, stell dir vor! Wir haben mithilfe eines Fotos das richtige Wort gefunden! Sie schneidet mir einen Bob – und alles ist so, wie ich es mir vorstelle. Findest du etwa nicht, dass der Bob gut aussieht?«

Ich weiß nicht, ob Allfried etwas von weiblicher Schönheit versteht. Mit Komplimenten hält er sich jedenfalls sehr zurück. Es geht ihm um innere Werte. Auch jetzt hüllt er sich in Schweigen.

»Ich habe mal wieder begriffen, wie einfach manche Dinge werden, wenn man sich verständigen kann. Die junge Frau ist so lieb und gibt sich solche Mühe mit mir und meinem alten Kopf. Aber sie lebt in einer anderen Welt. Und nun haben wir es trotzdem geschafft. Sie weiß, was ich

will. Wir haben so etwas wie ein Zauberwort gefunden. Darüber freue ich mich!«

»Dann vergiss es nicht – das richtige Wort!«

»Bestimmt nicht, Allfried!«

## Der alte Schafstall

Wir sind in den Ferien – zwischen Wald und
Berg in einem stillen Tal, wo wir schon
seit vielen Jahren unseren Urlaub verbringen.
Wenn wir aus dem Fenster sehen, dann freuen
wir uns an dem Blick auf den grünen Hang und
den Rand des Waldes. Dort steht mitten auf der
Weide ein alter, halb eingefallener Schafstall.

Jedes Jahr, wenn wir ankommen, haben wir
Sorge, er könnte nicht mehr da sein, und wenn
wir abfahren, bitte ich Allfried: »Pass auf den
Schafstall auf! Das Dach ist schon wieder ein
Stück verrutscht, die Bretter sind so grau und
löcherig, dass ich Angst habe, sie reißen ihn ab.«

Allfried aber hat für meine Bitte gar kein Ver-
ständnis.

»Ich habe genug zu tun. Und warum soll ich
auch noch auf einen alten Schafstall aufpassen?

Wenn dir der so wichtig ist, dann frag doch den Besitzer, ob du ihn kaufen kannst.«

Aber ich will den Schafstall nicht kaufen. Ich habe doch gar keine Schafe. Außerdem ist er so baufällig, dass nicht einmal ein Schaf dort sicher wäre. Und auf der Weide sind auch nur noch Kühe. Also: Er hat überhaupt keinen Sinn mehr, er steht einfach nur da mit seinen schiefen Wänden und herunterrutschenden Dachziegeln. Aber wenn er nicht da wäre, dann fehlte etwas ganz Wichtiges.

Er ist nämlich das einzige Gebäude am Waldrand, soweit man von einem Gebäude überhaupt noch sprechen kann. Um ihn herum stehen die hohen Buchen, Brombeerhecken wachsen an seiner Wand. Wenn er nicht mehr da stünde, wäre es so, als gäbe es gar keinen Schutz und gar kein Obdach auf der von den Kühen ziemlich kahl gefressenen Weide. Die hölzernen Zaunpfähle sind zum Teil schon morsch und eingebrochen. Dazwischen ist ein moderner elektrischer Zaun gespannt. Die neue Zeit hat vieles verändert, nur der Schafstall steht noch an seinem Platz.

»Allfried, auch wenn Schafe und Kühe dort nicht mehr Zuflucht finden, ich stelle mir vor, dass ganz viele Mäuse darin wohnen, dass sich vielleicht einmal der Fuchs hineinschleicht. Es gibt so viele Tiere im Wald. Sie brauchen keine Hütten, aber sie begegnen im Schafstall unserer Menschenwelt. Verstehst du? Für mich ist er ein Ort, wo die Natur und unser Leben sich berühren. Menschen haben ihn für Tiere gebaut, um ihnen Schutz zu geben. Und die Schafe haben sich zusammengedrängt bei Regen und Gewitter, still und geduldig, wie es ihre Art ist.«

»Da kommst du im schnellen Auto aus der großen Stadt, wo überall Hochhäuser mit Glasfassaden gebaut werden, packst hier dein Notebook und dein Mobiltelefon aus, hörst im Radio, was überall auf der Welt geschieht, führst ein komfortables, modernes Leben – hier mal ohne Fahrstuhl und Supermarkt an der Ecke und dann meinst du, dass du einen halb eingefallenen alten Schafstall brauchst. Ihr Menschen seid wirklich merkwürdige Wesen. Wenn du alte Schafställe liebst, dann zieh in abgelegene Gebiete, wo der nächste Zahnarzt ein paar Stunden entfernt lebt und dich mit dem Bohrer seines Großvaters behandelt.«

Muss Allfried gerade dieses Beispiel wählen? Die surrenden Bohrer meiner Kindheit, vor denen ich im Zahnarztstuhl fast verging? »Was hat das miteinander zu tun?«, will ich sagen, aber ich schlucke die Bemerkung hinunter, war ich doch kurz vor dem Urlaub bei einer so liebenswerten Zahnärztin, deren Bohrer ich gar nicht spürte ... Natürlich hat Allfried recht. Wir schwärmen von den »guten alten Zeiten« und nutzen gleichzeitig alle Möglichkeiten, die uns die Ergebnisse wissenschaftlicher Forschung und ausgefeilter Technik bieten.

»Allfried, ich weiß die Errungenschaften unserer modernen Welt zu schätzen! Wirklich! Aber es macht mich oft so traurig, dass wir überhaupt keinen Respekt mehr vor dem Alten haben. Wir reißen Häuser ab, in denen bis gestern noch Menschen wohnten, und bauen neue an ihre Stelle – nicht damit die Menschen es schöner haben, sondern damit mehr Geld hereinkommt. Mein uraltes Notebook gehörte eigentlich in den Müll, denn die Computerindustrie sichert Arbeitsplätze. Es ist ein Teufelskreis: Nur wenn wir hemmungslos zerstören, funktioniert unsere Wirtschaft. Und dann steht da ein alter Schafstall ...«

»Du meinst, er hat seinen Sinn, gerade weil er keinen Sinn mehr hat.«

»So ungefähr. Er ist einfach da und erinnert: Einmal war alles anders, nicht besser, aber anders. Die Schafe haben sich hineingedrängt und waren sicher und geborgen. Wir fühlen uns heute viel sicherer, aber sind wir das wirklich?«

»Wenn du weiter so redest, dann nehme ich bald den alten Schafstall als Wallfahrtsort unter himmlischen Schutz.«

»Ach nein, bitte nicht. Dann würden Pilger die Wiese zertrampeln. Nein, nein, ich wünsche mir nur – es ist ja auch nur ein ganz kleiner Wunsch – dass nächstes Jahr, wenn wir wiederkommen, der Schafstall am Waldrand noch steht. Dann wüsste ich doch, dass nicht alles sich ständig ändert wie in unserer Stadt, wo ich nach einem halben Jahr manche Straßenecke nicht wiedererkenne. Es tut einfach gut, Allfried, wenn da nicht nur die Weide ist, der Wald, sondern auch noch diese kleine Hütte steht, jahrzehntelang. Wir schrecklich modernen Menschen brauchen doch etwas, worauf wir uns verlassen können. So wie dich, Allfried.«

»Bin ich ein Schafstall?«

»Nein, aber du bist da für mich, ein Ort, eine Zuflucht, unveränderlich. Viel, viel mehr noch als der Stall für die Schafe.«

# Große Sorgen

Allfried, ich mache mir Sorgen.«

»Na, das ist doch deine Hauptbeschäftigung!«

Engel können boshaft sein, das habe ich bei Allfried gelernt. Wobei es natürlich nicht das Gleiche ist wie bei den Menschen, wenn sie uns auf unsere Schwächen hinweisen, um deutlich zu machen, wie stark sie selbst sind. Vielleicht weist Allfried eher auf meine Stärken hin, wenn er sich über mich lustig macht – und über meine Sorgen.

»Allfried, es ist ernst. Ich weiß, dass ich oft zu schwarz sehe, aber manchmal hatte ich leider auch recht.«

»Es ist immer ernst. Und in den meisten Fällen hast du nicht recht. Überleg mal, wie oft du dir schon vorgestellt hast, dass du einen Unfall baust, dass die Wohnung abbrennt, dass du deinen Schlüssel verloren hast, dass dir der Zug wegfährt ... Und wie viele Unfälle hattest du? Wie oft ist die Wohnung abgebrannt? – Warum rechnest du eigentlich nicht mit mir? Meinst du, es ist reiner Zufall, dass gestern der Lastwagen noch rechtzeitig gebremst hat, als du mal wieder tief in sorgenvolle Gedanken versunken auf die Straße gerannt bist?«

Wenn es möglich wäre, einen Engel zu umarmen, dann hätte ich es jetzt getan. Denn genauso ist es: Immer mache ich mir um alles Mögliche Sorgen, nur um die wirklichen Gefahren muss Allfried sich kümmern, denn die sehe ich gar nicht. Und dann bekommt er nicht mal ein Dankeschön! Wenn er ein Mensch wäre, hätte er mich bestimmt schon längst meinem Schicksal überlassen. Aber glücklicherweise ist er kein Mensch, sondern ein äußerst pflichtbewusster Engel, der das tut, wozu er mir geschickt wurde: Aufpassen!

Aber im Augenblick beschäftigt mich etwas, das gar nicht in Allfrieds Zuständigkeit fällt. Es geht um eine junge Frau und ihre Kinder, bedroht von einem drogensüchtigen, gewalttätigen Mann. Das macht mich verrückt. Ich bete so viel, aber ich weiß nicht, ob meine Gebete etwas nützen. Es gibt so viele Menschen, die gebetet haben, und trotzdem sind die schlimmsten Katastrophen über sie hereingebrochen.

»Ich mache mir Sorgen um Lucie und ihre Kinder, Allfried, große Sorgen. Ich möchte so gern helfen und weiß nicht wie. Stell dir doch einmal vor, was passieren kann ...«

»Wird irgendetwas besser, wenn du nachts

nicht schläfst und dich mit Vorstellungen quälst, was alles passieren könnte?«

»Nein, natürlich nicht.«

»Lucie weiß, dass du für sie da bist. Mehr kannst du nicht tun.«

»Das ist zu wenig, Allfried. Wenn ihr etwas passiert ...«

»Du musst akzeptieren, dass du ihre Situation nicht ändern kannst. Du nicht. Aber vielleicht sie selbst oder ein anderer oder – Gott.«

»Ich bitte ihn ja darum.«

»Dann wird er dich hören. Ich sage nicht erhören. Ihr Menschen seht oft nicht den Unterschied. Dabei kommt es zuallererst auf das Hören an.«

Das Telefon klingelt. Es wird ein langes Gespräch. Hinterher bin ich erschöpft.

»Allfried, wenn Gott uns immer hört, dann ist das schon viel. Das ist nämlich anstrengend. Aber ich, ich möchte trotzdem mehr tun.«

»Die Welt retten.«

»Spotte nicht, Allfried!«

Ein paar Tage lang kann ich Lucie nicht erreichen. Ich will sie auch nicht durch ständige Telefonanrufe nerven. Wenn ich nachts wach liege, grüble ich darüber, wie es ihr gehen mag. Und dann schreibt sie mir auf einmal eine E-Mail: ganz tapfer, ganz selbstsicher. Sie hat sich behauptet und ihr Mann kommt in eine Klinik.

»Allfried, ich bin so froh. Lucie schafft es. Aber ich glaube trotzdem nicht, dass meine Sorgen unnötig waren. Vielleicht hat sie es gespürt, wie oft ich an sie dachte und wie oft ich für sie gebetet habe.«

»Sorgen, die Gebete werden, sind nie unnötig.«

## Scherben auf dem Küchenboden

Allfried!«
Ich tobe, schreie, wüte. Aber natürlich nur innerlich, denn schließlich bin ich gut erzogen, beherrscht und kontrolliert, wie es sich gehört.

»Allfried!«

Wenn er auch nicht immer tut, was ich von ihm erwarte, eins weiß ich: Er hört. Er hat keine Kopfhörer auf den Ohren und kein Smartphone, mit dem er herumspielt, er hört. Und schon deshalb ist er ein Bote aus einer anderen Welt.

»Was ist denn los?«

Was los ist? Wir erwarten Besuch in einer halben Stunde. Die Suppentassen standen auf dem Tablett. Jawohl, sie *standen*. Irgendwie ist mir das Tablett aus den Händen gerutscht und jetzt liegen vier weiße Suppentassen auf dem Küchenboden, zerscheppert.

»Wie gut, dass noch nichts drin war!« Manchmal denkt Allfried sehr praktisch.

»Die haben wir von meiner Schwiegermutter geerbt, Allfried! Und wie soll ich jetzt die Suppe servieren? Das ist eine ganz tolle Suppe, eine Kreation von einer Suppe. Petersilie sollte obendrauf, ein Sahnehäubchen ...«

»Meinst du nicht, dass du genug Suppenteller im Schrank hast?«

»Aber es sieht in der Tasse viel schöner aus.«

»Wieso? Ein großer Klecks ist doch genauso schön wie ein kleiner Klecks.«

»Ach, Allfried, das verstehst du nicht! Und ausgerechnet heute, wo Professor Winter mit seiner Frau kommt. Denen fällt bestimmt nie was runter!«

»Bist du da ganz sicher?«

»Sieh doch mal, wie die Küche aussieht.«

»Am besten, du nimmst einen Besen.«

Plötzlich steht mein Mann in der Tür, betrachtet den Scherbenhaufen.

»Kann ich dir helfen?«

Eigentlich hatte ich jetzt einen Vortrag über Schwerkraft und schiefe Ebenen erwartet, schließlich ist er Physiker. Aber stattdessen holt er den Besen. Ich würde ihn sofort wieder heiraten.


»Allfried, kannst du bitte dafür sorgen, dass sie zu spät kommen? Es braucht ihnen doch nur die Straßenbahn wegzufahren oder sie müssen umkehren, weil seine Frau ihre Handtasche vergessen hat oder ... Es muss ja nichts Schlimmes sein, nur zehn Minuten!«

Aber nein, es klingelt Punkt sieben Uhr. Ich fahre mir mit den Händen durch die Haare, rühre einmal die Suppe um und nehme dann den wunderbaren Blumenstrauß entgegen.

»Hoffentlich haben Sie sich nicht zu viel Arbeit gemacht«, sagt Frau Winter.

»Aber überhaupt nicht! Entschuldigen Sie mich bitte einen Augenblick noch. Ich bin sofort bei Ihnen.«

Mein Mann führt die Gäste ins Wohnzimmer und spricht mit ihnen über wesentliche gesellschaftliche Entwicklungen, die mir im Augenblick schrecklich egal sind. Schnell die Küchentür zu, es knirscht immer noch unter meinen Füßen, aber es ist nichts mehr zu sehen von den Suppentassen, den geerbten. Seufzend hole ich die Teller aus dem Schrank. Eigentlich haben wir wirklich reichlich davon.

Mühevoll dekoriere ich die Suppe: Sahnehäubchen, Petersilie, Balsamico – na, sieht doch ganz hübsch aus. Mit klopfendem Herzen balanciere ich das Tablett über die Schwelle.

»Oh!«

»Wie schön! Das erinnert fast an ein Gemälde von Miró ...«

Ich fühle mich geschmeichelt, aber es hätte natürlich in den Suppentassen noch viel schöner ausgesehen!

Dann wird es ein richtig gemütlicher Abend. Der Herr Professor und seine Frau bedanken sich herzlich. Mein Mann behauptet, es habe sehr gut geschmeckt, vor allem die Suppe. Und als alles im Geschirrspüler untergebracht ist, die Reste im Kühlschrank und die Espressotassen abgewaschen, setze ich mich noch einen Augenblick in den Sessel und denke nach.

»Allfried, warum werde ich immer so hektisch, wenn etwas schiefgeht?«

»Weil du meinst, vollkommen sein zu müssen.«

»Muss ich das etwa nicht?«

Ich höre Allfried lachen. Es ist ein Engellachen, fast wie eine Melodie.

*Weitere Geschichten von Allfried, dem Engel für alle Fälle:*

Ursula Koch

# Der Alltagsengel

*Kleine Erzählungen*

64 Seiten, Taschenbuch
ISBN 978-3-7655-4220-6

Mal sitzt er auf der Bettkante, mal auf dem Beifahrersitz. Er flüstert ins Ohr oder hüllt sich in beredtes Schweigen … der Alltagsengel. Stets ist er zur Stelle, wenn er gebraucht wird, besonders in brenzligen Situationen. Aber er stellt auch liebe Gewohnheiten infrage und erinnert an das, was wirklich wichtig ist.

BRUNNEN VERLAG  GIESSEN
www.brunnen-verlag.de

Eckart zur Nieden

# Der gelbe Wagen

*und andere Erzählungen*

160 Seiten, gebunden
ISBN 978-3-7655-0912-4

Ein Geburtstagsjubilar, der kriminalistischen Spürsinn beweist … Zwei Nachbarinnen, ein verstimmtes Klavier und eine Eselsbrücke … Die neuen Kurzgeschichten von Eckart zur Nieden sind mit Humor gewürzt und nehmen oft eine unerwartete Wendung. Es geht um Themen wie Dankbarkeit, Umgang mit Trauer und Glück, Mut, Glaube im Alltag und vieles mehr.

BRUNNEN VERLAG GIESSEN
www.brunnen-verlag.de

Albrecht Gralle

# Ich bin's nur – Gott!

*Unverschämte Gespräche
mit meinem Schöpfer*

112 Seiten, Taschenbuch
ISBN 978-3-7655-4189-6

Wie unverschämt darf man eigentlich werden, wenn man sich mit Gott unterhält? Auch Albrecht Gralles Hauptfigur muss sich diese Frage stellen, als Gott plötzlich zu ihm spricht. Er entscheidet sich, kein Blatt vor den Mund zu nehmen, und prüft Gottes Schöpfung auf Herz und Nieren. Wird er Gott damit ins Schwitzen bringen können?

BRUNNEN VERLAG GIESSEN
www.brunnen-verlag.de